චතුරාර්ය සත්‍යාවබෝධයට ධර්ම දේශනා....

සැබෑ බිරිඳ
කවුද?

පූජ්‍ය කිරිබත්ගොඩ ඤාණානන්ද ස්වාමීන් වහන්සේ

චතුරාර්ය සත්‍යාවබෝධයට ධර්ම දේශනා....

සැබෑ බිරිඳ කවුද?

පූජ්‍ය කිරිබත්ගොඩ ඤාණානන්ද ස්වාමීන් වහන්සේ

© සියලුම හිමිකම් ඇවිරිණි.

ISBN : 978-955-0614-54-7

ප්‍රථම මුද්‍රණය : ශ්‍රී බු.ව. 2555 ක් වූ වප් මස පුන් පොහෝ දින
දෙවන මුද්‍රණය : ශ්‍රී බු.ව. 2556 ක් වූ වෙසක් මස පුන් පොහෝ දින
තෙවන මුද්‍රණය : ශ්‍රී බු.ව. 2556 ක් වූ නිකිණි මස පුන් පොහෝ දින
සිව්වන මුද්‍රණය : ශ්‍රී බු.ව. 2556 ක් වූ වප් මස පුන් පොහෝ දින
පස්වන මුද්‍රණය : ශ්‍රී බු.ව. 2556 ක් වූ මැදින් මස පුන් පොහෝ දින

- සම්පාදනය -

මහමෙව්නාව භාවනා අසපුව
වඩුවාව, යටිගල්ඔළුව, පොල්ගහවෙල.
දුර : 037 2244602
info@mahamevnawa.lk | www.mahamevnawa.lk

- පරිගණක අකුරු සැකසුම, පිටකවර නිර්මාණය සහ ප්‍රකාශනය -

මහාමේඝ ප්‍රකාශකයෝ
වඩුවාව, යටිගල්ඔළුව, පොල්ගහවෙල.
දුර : 037 2053300, 0773216685
mahameghapublishers@gmail.com | www.mahameghapublishers.com

- මුද්‍රණය -

ලීඩ්ස් ග්‍රැෆික්ස් (පුද්.) සමාගම,
අංක 356 E, පන්නිපිටිය පාර, තලවතුගොඩ.

චතුරාර්ය සත්‍යාවබෝධයට ධර්ම දේශනා....

සැබෑ බිරිඳ කවුද?

පූජ්‍ය කිරිබත්ගොඩ ඤාණානන්ද ස්වාමීන් වහන්සේ
විසින් පවත්වන ලද සදහම් වැඩසටහන් වලදී දේශනා කරන ලද
සූත්‍ර දේශනා ඇසුරෙනි.

මහාමේඝ
MAHAMEGHA

ප්‍රකාශනයකි

පෙළගැස්ම....

**"දසබලසේලප්පභවා නිබ්බානමහාසමුද්දපරියන්තා
අට්ඨංග මග්ගසලිලා ජිනවචනනදී චිරං වහතූති"**

දසබලයන් වහන්සේ නමැති ශෛලමය පර්වතයෙන් පැන නැගී
අමා මහා නිවන නම් වූ මහා සාගරය අවසන් කොට ඇති
ආර්ය අෂ්ටාංගික මාර්ගය නම් වූ සිහිල් දිය දහරින් හෙබි
උතුම් ශ්‍රී මුඛ බුද්ධ වචන ගංගාව
(ලෝ සතුන්ගේ සසර දුක නිවාලමින්)
බොහෝ කල් ගලාබස්නා සේක්වා!

(සළායතන සංයුත්තය - උද්දාන ගාථා)

නමෝ තස්ස භගවතෝ අරහතෝ සම්මාසම්බුද්ධස්ස
ඒ භාග්‍යවත් අරහත් සම්මා සම්බුදුරජාණන් වහන්සේට නමස්කාර වේවා!

01. සත්තභරියා සූත්‍රය

(අංගුත්තර නිකාය 4 - අබ්‍යාකත වර්ගය)

ශ්‍රද්ධාවන්ත පින්වතුනි,

මිනිස් ජීවිතයක් ගෙවන සියලු දෙනාට ජීවිතය අවබෝධ කරගන්න වාසනාවක් නැහැ. ජීවිතය අවබෝධ කරගන්න වාසනාව ලැබෙන්නේ, හිතන්න පුළුවන් බුද්ධිමත් මනුෂ්‍යයෙකුට පමණයි. ඒකත් බුදුරජාණන් වහන්සේගේ ධර්මය ලැබුණොත් විතරයි. බුදුරජාණන් වහන්සේගේ ධර්මය ලැබුණේ නැත්නම්, හිතන්න පුළුවන්කම තිබුණත් ඒකෙන් ප්‍රයෝජනයක් ගන්න ලැබෙන්නේ නැහැ. ඒ නිසා පින්වතුනි, හිතන්න පුළුවන් බුද්ධිමත් මනුෂ්‍ය ජීවිතයක් ලැබීමත්, බුද්ධ ශාසනයක් මුණගැසීමත් කියන මේ දුර්ලභ කාරණා දෙක එකට එකතුවීම මේ ලෝකයේ ඉතාමත්ම කලාතුරකින් සිදුවන දෙයක්.

බුදුරජාණන් වහන්සේගේ ධර්මය අහන්න ලැබෙන්නේ කළ්‍යාණ මිත්‍රයන්ගෙන්. කළ්‍යාණමිත්‍ර

සම්පත්තිය ලැබුණේ නැත්නම්, අපට බුදුරජාණන් වහන්සේගේ ධර්මය ශ්‍රවණය කරන්න ලැබෙන්නේ නැහැ. ධර්මය අහන්න නොලැබුණොත් අපට සිද්ධවෙන්නේ ඉපදීමටත්, මරණයටත් ගොදුරු වෙලා දිගින් දිගටම මේ සංසාර ගමනේ දුක් විඳ විඳ යන්නයි.

අහිමිව ගිය වාසනාව...

ධර්මය අවබෝධ කරන්න ලැබුණු මේ දුර්ලභ මොහොත අපි අතහැරියොත්, ආයෙමත් කවදා කොයි ලෝකයක කුමන ඉරණමක් කරා යයිද කියලා කාටවත් කියන්න බැහැ. පින්වතුනි, හිතන්න පුළුවන්කම කියන එක ජීවිතයේ හැමදාමත් තියෙන්නේ නැහැ.

දවසක් වයසක ජෝඩුවක් පොල්කට්ටක් අතේ තියාගෙන හිඟමනේ යනවා. බුදුරජාණන් වහන්සේ මේක දැකලා සිනහවක් පහළ කළා. ආනන්ද ස්වාමීන් වහන්සේ ඇහුවා, "භාග්‍යවතුන් වහන්ස, අර හිඟමනේ යන ජෝඩුව දිහා බලලා ඇයි මේ සිනහා පහළ කළේ?" බුදුරජාණන් වහන්සේ වදාළා, "පින්වත් ආනන්ද, ඔය මේ නගරයේ හිටපු සිටු දුවයි, සිටු පුත්‍රයයි. ඔය දෙන්නා තරුණ කාලේ බුද්ධ ශාසනයට ඇතුළුවුණා නම්, අරහත්වයට පත්වෙන්න පින තිබුණා. මධ්‍යම වයසේදී මේ ධර්ම මාර්ග යට පැමිණුනා නම් ඉතුරු මාර්ගඵල අවබෝධ කරගන්න තිබුණා. දැන් ඒ ඔක්කොම අහිමිවෙලා ගිහින්."

කාටත් රැකවරණය ධර්මය පමණයි...

එතකොට අපට පේනවා ජීවිතය අවබෝධ කරන්න පුළුවන් කුසලතා ඇතුව මිනිස් ජීවිතයක් කරා කෙනෙක් එනවා. නමුත් තමන් තුළ එවැනි කුසලතා තිබෙන බව

හඳුනා නොගත්තොත්, ධර්මය කරා නොපැමිණියහොත් එක එක දේවල්වල පැටලි පැටලී හිටියොත් ඒ උතුම් අවස්ථාව මඟ හැරෙනවා. ඒකට කියන්නේ ක්ෂණ සම්පත්තිය අහිමි කරගැනීම කියලා.

ඒ නිසා අපි මේ උතුම් අවස්ථාව මඟහරවා ගන්නේ නැතුව ධර්මය කරාම යන්නට ඕන. එක රහතන් වහන්සේ නමක් ප්‍රකාශ කළා, "මම නම් යන්නේ ඒ අමා නිවන තියෙන දිශාව බලාගෙනමයි" කියලා. අපට අන්න එවැනි හැඟීමක් තිබුණොත්, බුද්ධ ශාසනයත්, මනුෂ්‍ය ජීවිතයත් එකතුවෙච්ච මේ දුර්ලභ අවස්ථාවෙන් ප්‍රයෝජනයක් ලබාගන්න පුළුවන්.

බිරින්දෑවරුන්ගේ වගතුග...

අද ඔබට කියා දෙන්නේ බුදුරජාණන් වහන්සේ විසින් අහම්බෙන් දේශනා කරන්නට යෙදුන ඉතාමත් ලස්සන දේශනාවක්. මේ දේශනාව අනෙක් දේශනාවලට වඩා ටිකක් වෙනස්. වෙනස් කියලා කිව්වේ, චතුරාර්ය සත්‍ය ධර්මය මේ දේශනාව තුළ ප්‍රකටව පෙනෙන්නේ නැහැ. නමුත් සෑම බුද්ධ දේශනාවකම තියෙන ලක්ෂණය මේ දේශනාව තුළත් පැහැදිළිව දකින්ට තියෙනවා. ඒ තමයි, මෙලොවත් පරලොවත් සුවපත් කිරීම. මේ දේශනාව අපේ ජීවිතවලට ඉතාමත් වැදගත් දේශනාවක්. මේ දේශනාවේ නම **'සප්තභාර්යා සූත්‍රය'** බිරින්දෑවරුන් හත්දෙනා පිළිබඳ වදාළ දෙසුම. මේ සූත්‍ර දේශනාව ඇතුළත් වෙලා තියෙන්නේ, අංගුත්තර නිකායේ හත්වෙනි නිපාතයට.

හිතට ගත්ත නපුරු ලේලි...

ඒ දවස්වල බුදුරජාණන් වහන්සේ වැඩසිටියේ, සැවැත් නුවර ජේතවනාරාමයේ. එදා උන්වහන්සේ පාත්‍ර

සිවුරු අරගෙන අනේපිඬු සිටුතුමාගේ මාළිගාවට වැඩම කරලා, පණවන ලද ආසනයේ වැඩසිටියා. එදා අනේපිඬු සිටුතුමාගේ මාළිගයේ පිටිපස්සේ මහා කෝළහාලයක් ඇහෙනවා. බුදුරජාණන් වහන්සේ අනාථපිණ්ඩික සිටුතුමාගෙන් අහුවා, "පින්වත් ගෘහපතිය, මොකක්ද මේ ගේ පිටිපස්සේ ඇහෙන රණ්ඩුව. හරියට මාළු අල්ලන්න පොර කලන කොවුලෝ වගේ, කවුද ඔය කෝළහාල කරන්නේ?"

එතකොට අනාථපිණ්ඩික සිටුතුමා කියනවා, "ස්වාමීනි, භාග්‍යවතුන් වහන්ස, ඒ අපේ ලේලි. සල්ලි තියෙන පවුලකින් බලලා අපිත් ලේලි කෙනෙක් අරගෙන ආවා. ඇය මාමණ්ඩිට ගරු කරන්නෙත් නැහැ. නැන්දණියට ගරු කරන්නෙත් නැහැ. තමන්ගේ ස්වාමියාට ගරු කරන්නෙත් නැහැ. භාග්‍යවතුන් වහන්සේට ගරු සත්කාර කරන්නෙත් නැහැ. ස්වාමීනි, ඒ ලේලි තමයි සුජාතා."

බුදුරජාණන් වහන්සේ සුජාතාට කතා කළා. සුජාතාව බුදුරජාණන් වහන්සේට වන්දනා කරලා පැත්තකින් වාඩි වුණා.

ඔබ කොයි ගොඩේද?...

බුදුරජාණන් වහන්සේ සුජාතාවට කියනවා, "පින්වත් සුජාතා, මේ ලෝකයේ බිරින්දෑවරු හත් දෙනෙක් දකින්නට ලැබෙනවා. ඒ තමයි,

1. වධක භාර්යාව (වධක බිරිඳ)
2. චෝරි භාර්යාව (සොර බිරිඳ)
3. ආර්යා භාර්යාව (ළමාතැනී වැනි බිරිඳ)
4. මාතෘ භාර්යාව (අම්මා වැනි බිරිඳ)

5. භගිනි භාර්යාව (සහෝදරී වැනි බිරිඳ)
6. සකී භාර්යාව (යෙහෙළිය වැනි බිරිඳ)
7. දාසි භාර්යාව (මෙහෙකාරිය වැනි බිරිඳ)

බුදුරජාණන් වහන්සේ අහනවා, "සුජාතා, මෙන්න මේ භාර්යාවන් අතරින් ඔබ අයිති වෙන්නේ කොයි බිරිඳටද?" එතකොට සුජාතාව කියනවා, "අනේ! ස්වාමීනී භාග්‍යවතුන් වහන්ස, ඔය කෙටියෙන් කියපු කාරණය මම විස්තර වශයෙන් දන්නේ නැහැ. ඉතින් ඔය කෙටියෙන් කියපු කාරණය මට විස්තර වශයෙන් කියාදෙන සේක්වා." අන්න ඒ වෙලාවේ තමයි, බුදුරජාණන් වහන්සේ මේ දේශනාව වදාළේ.

ඇයි බිරිඳට විතරද, අපට නැද්ද...?

දැන් බලන්න මේ දේශනාව බුදුරජාණන් වහන්සේ වදාළේ, සුජාතාවගේ කෝළහාලය නිසයි. මේ දේශනාව මම වැඩසටහන්වල දේශනා කළාට පස්සේ සමහරු මගෙන් අහනවා, "ඇයි බිරින්දෑවරුන්ට විතරක් දේශනා කළේ ස්වාමිවරුන් ගැන එහෙම එකක් දේශනා කළේ නැද්ද?" කියලා. ස්වාමිවරුන්ටත් හොඳට අහගන්න තිබුණා, බුදුරජාණන් වහන්සේ වැඩම කළ තැනක කෝළහාලයක් ඇතිකළා නම්. එහෙනම් ස්වාමිවරුන්ගේ වාසනාව. නමුත් එහෙම එකක් වෙලා නැහැ.

මෙහෙම බිරිඳක් ලැබුණොත් විනාසයි...

බුදුරජාණන් වහන්සේ වදාළා, "එහෙනම් සුජාතා, ඔන්න අහගන්න බිරින්දෑවරුන්ගේ විස්තරය.

පළමුවෙනි බිරිඳ තමයි "වධක භාර්යාව." බුදුරජාණන් වහන්සේ විස්තර කරනවා, මේ වධක

භාර්යාව හැමතිස්සේම ඉන්නේ **(පදුට්ඨ චිත්තා)** ස්වාමියා කෙරෙහි නපුරු සිතින්. **(අහිතානුකම්පිනී)** ස්වාමියාට උදව් කරන්න අදහසක් ඇත්තේම නැහැ. අයහපතක් කරන්න තමයි අදහස. **(අඤ්ඤේසු රත්තා)** වෙන මිනිස්සු ගැන තමයි හිත හිතා ඉන්නේ. **(අතිමඤ්ඤතේ පතිං)** තමන්ගේ ස්වාමියා ඉක්මවා යනවා. (ධනේන **කීතස්ස වධාය උස්සුකා)** ස්වාමියා හරිහම්බ කරන සල්ලි නාස්ති කරමින්, ස්වාමියාව තලා පෙලා කතා කරනවා. අන්න ඒ වගේ බිරිඳකට කියනවා "වධක භාර්යාව" කියලා.

ටික කලක් යනකොටයි ඇත්ත මතුවෙන්නේ...

අපට නිකම් බැලූ බැල්මට හොඳ අය වගේ පෙණුනට, මේ වගේ අය ලෝකයේ හරියට ඉන්නවා. අඹ ගස් පේළියක් එකට හිටෙව්වොත් පුංචිම කාලයේ මේ අඹ ගස්වල වෙනසක් හොයන්න බැහැනේ. අපට හිතෙන්නේ එකම විදිහට මේ ගස්වල එලදරයි කියලයි. නමුත් කාලයක් ගිහින් එලදරන්න ගන්න කොට තමයි, "මේක පෙට්ටි අඹ... මේක රට අඹ... මේක පොල් අඹ..." කියලා වෙනස්කම් හොයන්න පුළුවන් වෙන්නේ. අන්න ඒ වගේ තමයි, මුලින්ම කාවවත් හොයන්න බැහැ. විවාහ වෙලා ටික කලක් යනකොට තමයි, මේ ලක්ෂණ මතු වෙන්නේ.

ඊට පස්සේ තමන්ගේ ස්වාමියාව තලා පෙලා, මෙවැනි නරක ගතිගුණ වලින් යුක්තව ජීවත් වෙලා, බොහෝ අකුසල කර්ම රැස්කරගෙන සංසාර දුකට ඇද වැටෙනවා. බුදුරජාණන් වහන්සේ වදාළා, "වධක භාර්යාව මරණින් මත්තේ උපදින්නේ නිරයේ" කියලා. අන්න බලන්න කර්මයේ හැටි.

මේක නම් කරුමයක්ම තමයි...

යම් කෙනෙකුට වධක භාර්යාවක් ලැබුණොත් "මේක නම් මගේ කරුමයක්" කියලා හිත හදාගන්න තමයි තියෙන්නේ. පවුලේ කිසිම සමඟියක් නැහැ. මහා දුකකින් තමයි මැරෙනකල්ම ජීවත් වෙන්න තියෙන්නේ.

මට මතකයි එක්තරා අවස්ථාවක මහත්තයෙක් ඇවිල්ලා කිව්වා, "අනේ! හාමුදුරුවනේ මට නම් පවුල් ජීවිතය තිත්ත වෙලා. මට කතා කරන්නේ සතෙකුට වගේ" කියලා. ඉතින් මම ඇහුවා, "කොහොමද මහත්තයට කතා කරන්නේ?" කියලා. "මෙහෙ වරෙන් හරකා, ගොනා, බූරුවා..." කියලා නම් ගොඩාක් කියාගෙන ගියා. අන්තිමට මම ඒ මහත්තයට කිව්වා, "මේක නම් මහත්තයගේ කරුමයක්ම තමයි. ද්වේෂය ඇති කරගන්නේ නැතුව ඉවසාගෙන ඉන්න" කියලා. ඒ වගේ අදහස් එන්නේ "ස්වාමියාව යටත් කරගෙන පාගගෙන ඉන්න ඕන" කියන හැඟීම තියෙන නිසයි.

අම්මාගෙන් වුණත් වැරදි පුරුදු එපා...

සමහර විට මේ වගේ වධක භාර්යාවන්ට ගැණු දරුවෙක් ලැබුණොත් ඒ දරුවන්ගේත් විනාසය. මොකද ඊට පස්සේ ඒ ළමයින්ටත් කියනවා, "මේ බලාපන් කෙල්ලේ මම ඉන්න හැටි. උඹලගේ තාත්තට වැඩිය නටන්න දෙන්නේ නැහැ. උඹත් එහෙම හිටපන්. මිනිහට ඕන ඕන විදිහට නටන්නේ නැතුව, මිනිහව යටත් කරගෙන හිටපන්" කියලා අර ගැණු දරුවන්ගේ හිත්වලට ඒ අදහස දෙනවා. ඊට පස්සේ ඒ ගැණු දරුවෝ විවාහවෙලා, පවුල් ජීවිත ගතකරද්දී අර අම්මගේ පුරුදු ටික ඒ විදිහටම කරගෙන යනවා. "අම්මා එහෙම කළාට මම නම් එහෙම

කරන්නේ නැහැ" කියලා පින තියෙන ළමයෙක් විතරයි ඒකෙන් මිදෙන්නේ.

දැන් බලන්න මේ වගේ වධක භාර්යාවක් වීම කී දෙනෙකුට අහිත පිණිස, දුක පිණිස පවතිනවාද? යම්කිසි කෙනෙක් වධක බිරිඳක් වෙලා ඒකෙන් අත්මිදෙන්නේ නැතුව, දිගින් දිගටම ඒ විදිහට ජීවත් වුණොත් මෙලොව ජීවිතය සාර්ථක කරගන්නත් බැහැ. පරලොව ජීවිතය සාර්ථක කරගන්නත් බැහැ. ඒ කියන්නේ වධක බිරිඳක් වෙලා ඉන්නකොට එයාට ධර්මය පිහිටන්නේ නැහැ. යම් දවසක ඒකේ ආදීනව තේරුම් අරගෙන හොඳ බිරිඳක් වෙච්ච දවසට තමයි ධර්මය පිහිටන්න ගන්නේ.

ගෙවල් ඇතුලෙත් හොරු...

ඊළඟට, දෙවෙනි භාර්යාව තමයි "**චෝරි භාර්යාව.**" ඒ කියන්නේ සෙර. බුදුරජාණන් වහන්සේ විස්තර කරනවා, **(යං ඉත්ථියා වින්දති සාමිකෝ ධනං)** චෝරි භාර්යාව ස්වාමියා හම්බ කරන ධනය සොරකම් කරනවා. තමන්ගේ ස්වාමියා වෙළහෙළදාම් කරලා බොහෝම දුක් මහන්සි වෙලා ශිල්ප ශාස්ත්‍ර ඉගෙනගෙන උත්සාහයෙන්, වීරියෙන් හරි හම්බ කරගෙන කොච්චර ගෙනත් දුන්නත් මේ කාන්තාවට මදි. මෙයා සල්ලිවලින් කොටසක් හොරෙන් අරගෙන තමන්ට ඕන ඕන විදිහට වියදම් කරනවා. ඒ විතරක් නෙවෙයි, අන්තිමට තමන්ගේ ස්වාමි පුරුෂයාට කෑ ගහනවා, "තමුසේ හම්බ කරලා ගෙනත් දෙන එක හැරෙන්නවත් මදි" කියලා, ස්වාමියාව පෙළනවා. **(අප්පම්පි තස්මා අපහාතු මිච්ඡති)** සල්ලි කොච්චර ලැබුණත් ඒක අරපරිස්සමක් නැතුව නාස්ති කරන්නයි, මේ චොරි භාර්යාව කල්පනා කරන්නේ. ස්වාමියාගේ සල්ලි හොරකම්

කරලා තමන්ට වුවමනා නැති දේවල්වලට වියදම් කරනවා. "කෝ මම ගෙනත් දීපු සල්ලි?" කියලා ස්වාමියා අහපුවාම හැමතිස්සෙම නැතිවාදන් කියාගෙන ස්වාමියා එක්ක රණ්ඩු අල්ලනවා.

දැන් පොඩ්ඩක් හිතලා බලන්න ස්වාමියා හම්බකරන දේ හොරකම් කරනවා නම් එතැන සිද්ධ වෙන්නේ විශාල පාපයක්. ඒ විතරක් නෙවෙයි, ගෙදර දොරේ වැඩකටයුතු වලදී ස්වාමියා හරිහම්බ කරන දේ බිරිඳ හොරකම් කරනවා නම් ඊට පස්සේ ඒ අයගෙන් දරුවන්ටත් මේක පුරුදු වෙනවා. ඇයි ඒ දරුවන්ට නිතර දකින්නට ලැබෙන්නේ තමන්ගේ අම්මා අරපිරිමැස්මෙන් වියදම් කරන හැටි නෙවෙයිනේ. මුදලේ වටිනාකමක් තේරුම් ගන්නේ නැතුව නාස්ති කරන හැටියි.

ධර්මයේ පිහිටීමෙන්මයි ගැලවෙන්න තියෙන්නේ...

සමහරවිට මේක බලාගෙන ඉන්න දරුවෝ පුරුදු වෙනවා, අම්මගෙන් සල්ලි හොරකම් කරන්න. එහෙම නැත්නම් අම්මව භය කරලා සල්ලි ගන්න. අපි දන්නවා සමහර දරුවෝ ඉන්නවා අම්මා ළඟට ඇවිල්ලා තර්ජනය කරනවා, "අම්මේ, සල්ලි මෙච්චර දෙන්න..." කියලා. සමහරවිට අම්මා දුන්නේ නැත්නම් කියනවා, "අම්මා තාත්තාගේ සල්ලි මෙච්චර බොරුවට වියදම් කරලා තියෙනවා. දුන්නේ නැත්නම් මම තාත්තාට කියනවා. ඒ නිසා මට මෙච්චරක් සල්ලි ඕන" කියලා. මෙහෙම තර්ජනය කරපු ගමන් අම්මා භය වෙනවා. අම්මා භය වෙලා සල්ලි දෙනවා. එතකොට ළමයි ටිකත් නාස්ති වෙලා යනවා. එහෙම වෙනකොට මුළු පවුල් ජීවිතයම අසාර්ථක

වෙලා. යම්කිසි ස්වාමියෙකුට මෙවැනි චෝර භාර්යාවක් ලැබෙනවා නම්, ඒක ඒ ස්වාමියාගේ අවාසනාව. චෝරි භාර්යාවකට මේ පාපයෙන් ගැලවෙන්න තියෙන්නේ ධර්මයේ පිහිටීමෙන්මයි.

ධර්මය ඉදිරියේ බබලන්නේ ගුණධර්ම විතරයි...

කොච්චර හොඳට පොරොන්දම් බලලා, කේන්දර බලලා, තියෙන හොඳම නැකැතට පෝරුවට නැග්ගත්, බිරිඳ වධක භාර්යාවක් නම් ඒ පවුල් ජීවිත අසාර්ථකයි. බිරිඳ චෝරි භාර්යාවක් නම් ඒ පවුල් ජීවිතයත් අසාර්ථකයි. එහෙනම් අපට පැහැදිලිව පේනවා පෝරුවේ නෙවෙයි ප්‍රශ්නය තියෙන්නේ. ප්‍රශ්නය තියෙන්නේ පොරොන්දමෙත් නෙමෙයි, කේන්දරෙත් නෙමෙයි. මේ මිනිස්සුන්ගේ ජීවිතවල ධර්මය නැතිවීමමයි ප්‍රශ්නය. බලන්න බුදුරජාණන් වහන්සේගේ ධර්මය ඉස්සරහා අනෙක් දේවල් සියල්ලම වැඩකට නැති ලාමක දේවල් බවට පත්වෙලා යන හැටි. බුදුරජාණන් වහන්සේගේ ධර්මය ඉස්සරහා බබලන්න පටන්ගන්නේ ගුණධර්ම විතරයි. බුදුරජාණන් වහන්සේ වදාළා "මේ චෝර භාර්යාව ධර්මය කරා පැමිණිලා එයින් අත්මිදුණේ නැත්නම්, මරණින් මත්තේ නිරයේ උපදිනවා" කියලා.

නිරයේ යන ළමාතැනීලා...

ඊළඟ බිරිඳ තමයි "ආර්යා භාර්යාව." ඒ කියන්නේ "ළමාතැනී." බුදුරජාණන් වහන්සේ විස්තර කරනවා ඇය (අකම්මකාමා) ගෙදර දොරේ කිසිම වැඩපළක් හොයන්නේ බලන්නේ නැහැ. ස්වාමියාගේ වැඩවලට

උදව් කරන්නෙත් නැහැ. දරු මල්ලන්ගේ වැඩවලට උදව් කරන්නෙත් නැහැ. කිසිම වැඩක් කරන්නේ නැතුව, එක එක්කෙනා ලවා වැඩකරවා ගනිමින් විවේකයෙන් ඉන්නවා. **(අලසා)** මෙයා හරිම කම්මැලි අලස කෙනෙක්. **(මහග්ඝසා)** හැම වෙලාවේම ආහාර තම්බ තම්බා ගිලින එක තමයි මෙයා කරන්නේ. එක එක්කෙනාට කියලා රස රස කෑම ජාති හදාගෙන කකා ඉන්නවා. ඒ විතරක් නෙවෙයි, බුදුරජාණන් වහන්සේ විස්තර කරනවා, "මේ ළමාතැනී බිරිඳ **(ඵරුසා)** හරිම නපුරුයි. ස්වාමියාට නපුරු වචනවලින් බැණ වදිනවා. ගෙදරට යාළුවෙක් ආවත්, නෑදෑයෙක් ආවත් එක්කෝ මූණටම බණිනවා. එහෙම නැත්නම් යනකම් ඉඳලා බණිනවා. කාගේවත් හොඳක් කියන්නේ නැහැ. **(චණ්ඩී ච දුරුත්තවාදිනී)** හැමතිස්සේම නපුරු වචන කියාගෙන චණ්ඩිකමෙන් පිරිස පාලනය කරනවා. **(උට්ඨානකානං අභිභුය්‍ය වත්තති)** ස්වාමියා ගෙනත් දෙන, හම්බකරන සියලුම දේවල්වල පාලනය එයා යටතට ගන්නවා. ඒ යටතට ගන්නේ චණ්ඩිකමෙන්. නමුත් මෙයා ඒ ගැන හොයලා බලන්නෙත් නැහැ. හරියට වැඩේ කරන්නෙත් නැහැ. කම්මැලිකමෙන් කකා බිබී, නපුරු වචන කිය කියා හැමදෙනාවම තලා පෙලා කතා බස් කරනවා." මෙන්න මේ වගේ බිරින්දෑවරු ඕනතරම් ඉන්නවා.

තුන්දෙනාම අසාර්ථකයි!...

බුදුරජාණන් වහන්සේ වදාළා, "මෙන්න මේ විදිහේ ගතිගුණ තියෙන ළමාතැනී බිරිඳ මරණින් මත්තේ උපදින්නෙ නිරයේ" කියලා. දැන් අපි බිරින්දෑවරු තුන් දෙනෙක් ගැන ඉගෙන ගත්තා. ඒ තුන් දෙනාගේම ජීවිත අසාර්ථකයි. බලන්න බුදුරජාණන් වහන්සේගේ අවබෝධය.

උන්වහන්සේ බිරින්දෑවරු ගැනත් අවබෝධයෙන්ම දන්නවා. මේ බිරින්දෑවරු තුන් දෙනාටම මරණින් මත්තේ නිරයේ උපදින්නේ නැතුව බේරෙන්න නම් කරන්න තියෙන්නේ, ධර්මය කරා යන එකමයි.

කාන්තා පුවත්පත්වල මේවා පළකරන්න...

දැන් බලන්න... මේ රටේ කාන්තාවන් වෙනුවෙන් රූපවාහිනියේ, ගුවන් විදුලියේ නොයෙක් වැඩසටහන් යනවා. ඒ එකකවත් මේ විදිහට බිරින්දෑවරුන් ගැන කතා වෙලා තියෙනවාද? නැහැ. ඊළඟට අපි ගත්තොත් කාන්තා පක්ෂය විශාල වශයෙන් නොයෙක් කාන්තා පත්තර කියවනවා. ඒ එක පත්තරයකවත් බිරින්දෑවරුන් ගැන මෙවැනි විස්තර පළවෙලා තියෙනවාද? නැහැ. ඒවායේ තියෙන්නේ වැඩිහරියක් බොළඳ හරසුන් දේවල්. එවැනි හරසුන් පුවත්පත් කියෙව්වා කියලා කවදාවත් ජීවිතාවබෝධයක් නම් ලැබෙන්නේ නැහැ.

මම කොහොමහරි හොඳ බිරිඳක් වෙනවා...

අපි හිතමු බුදුරජාණන් වහන්සේගේ ධර්මය නොලැබීම නිසා වධක බිරිඳක් වෙච්ච කෙනෙකුට, මේ ධර්මය අහන්න ලැබෙනවා. එයා අධිෂ්ඨාන කරගන්නවා "මම කොහොමහරි හොඳ බිරිඳක් වෙලා මේකෙන් ගැලවෙනවා" කියලා. අන්න එයාට පුළුවන්කම තියෙනවා සුගතියක උපදින්න. ඊළඟට තව කෙනෙක් ඉන්නවා මේ ධර්මය අහන්න නොලැබීම නිසාම චෝර බිරිඳක් වෙච්ච. මේ ධර්මය අහන්න ලැබුණට පස්සේ එයත් අධිෂ්ඨාන කරගන්නවා "මම හොඳ බිරිඳක් වෙලා මේකෙන් අත් මිදෙනවා" කියලා. අන්න එයාටත් පුළුවන්කම තියෙනවා සුගතියක උපදින්න. ඒ වගේම අපි හිතමු, මේ ධර්මය

අහන්න නොලැබීම නිසා ළමාතැනී බිරිඳක් වෙච්ච කෙනෙක් ඉන්නවා. යම් දවසක එයාටත් බුදුරජාණන් වහන්සේගේ ධර්මය තුළින් මේ බිරින්දෑවරුන් ගැන අහන්න ලැබිලා එයත් අධිෂ්ඨාන කරගන්නවා "මම හොඳ බිරිඳක් වෙලා මේකෙන් අත්මිදෙනවා" කියලා. අන්න එයාටත් සුගතියක උපදින්න වාසනාව ලැබෙනවා. එහෙම නැතුව දිගින් දිගටම මේ ආකාරයට කටයුතු කළොත් බුදුරජාණන් වහන්සේ පෙන්වලා දුන්නා, "මේ භාර්යාවන් තුන්දෙනාම මරණින් මත්තේ නිරයේ උපදිනවා" කියලා.

දෙව්ලොව වඩිනා පින්වත් බිරින්දෑවරු...

ඊළඟට බුදුරජාණන් වහන්සේ විස්තර කළා මරණින් මත්තේ සුගතියේ උපදින බිරින්දෑවරුන් හතර දෙනෙක් ගැන. පළමු කෙනා තමයි **"මාතෘ භාර්යාව."** බුදුරජාණන් වහන්සේ විස්තර කරනවා **(යා සබ්බදා හෝති හිතානුකම්පිනී)** "ඇය හැමතිස්සේම හිතානුකම්පී වෙයි. තම ස්වාමියා කෙරෙහි, දූ දරුවන් කෙරෙහි, ඤාති හිතමිත්‍රාදීන් කෙරෙහි හිතානුකම්පාවෙන් යුතුව, ගෙදරදොර වැඩකටයුතු කරමින් වාසය කරයි." **(මාතාව පුත්තං අනුරක්ඛතේ පතිං)** සාමාන්‍යයෙන් තමන්ගේ දරුවෙක් ගෙදරින් පිට ගියාට පස්සේ අම්මා කෙනෙක් කල්පනා කරනවානේ, "අනේ මේ ළමයා කෑවද දන්නේ නෑ. මේ ළමයාට කොහොමද දන්නේ නෑ. කරදරයක් නැතුව ඉක්මනින් ගෙදර එයිද දන්නේ නෑ" කියලා. ඊළඟට ගෙදර එනකොට අම්මාට හරි දුකයි. "අනේ මහන්සි වෙලා, බොහෝම තෙහෙට්ටු වෙලා මේ දරුවා එන්නේ" කියලා. අන්න ඒ වගෙයි, මේ මාතෘ භාර්යාව තමන්ගේ ස්වාමියා දිහා බලන්නේ.

මවක් වගේ බිරිඳක්...

ස්වාමියා රස්සාවට යන්න ලෑස්තිවෙන කොටම බිරිඳ ආදරෙන් සෙත් පතලා කල්පනා කරනවා, "අනේ මහන්සි වෙනවා. වෙලාවට තේ එකක්වත් ලැබෙනවද දන්නේ නෑ. කෑවද දන්නේ නෑ." ගෙදර එන්න ප්‍රමාද වෙන කොට හිතනවා, "අනේ! මේ සෙනඟ පිරිච්ච බස්වල හිරවෙලා, තැලිලා, පොඩි වෙලා මහන්සියෙන් එනවා ඇති" කියලා. ගෙදරට ගොඩ වෙනකොටම ඉක්මනට දුවලා ගිහින් තේ එකක් හදලා දීලා, කතාබස් කරලා ආදරෙන් පිළිගන්නවා. දරුවෙකුට වගේ සංග්‍රහ සැළකිලි කරනවා. **(තතෝ ධනං සම්භතමස්ස රක්ඛති)** ස්වාමියා හරිහම්බ කරන ධනය බොහෝම අරපරිස්සමෙන් වියදම් කරනවා. වියදම් කරද්දී කල්පනා කරන්නේ, "අනේ! කොයිතරම් මහන්සි වෙලාද අපි වෙනුවෙන් මේවා හම්බකරලා තියෙන්නේ. කොයිතරම් කැපකිරීමක් කරලාද මේ සල්ලි භාගේ සොයන්නේ? මේවා අපි නාස්ති කරන්න හොඳ නැහැ. පිරිමසාගෙන වැඩ කරන්න ඕන" කියලයි. අන්න එබඳු ආකාරයට වැඩකටයුතු කරන බිරිඳ ගැන බුදුරජාණන් වහන්සේ වදාළා, "ඇය හරියට මවක් වගේ බිරිඳක්" කියලා.

ආදර්ශයට ගත යුතු අභිමානවත් චරිත...

යම්කිසි කාන්තාවකට වාසනාව ලැබුණොත්, එබඳු බිරිඳක් වෙන්න, ඒ බිරිඳ උපදින්නේ සුගතියේ. බුදුරජාණන් වහන්සේගේ කාලේ ජීවත්වෙච්ච මාතෘ බිරිඳක් තමයි **'විශාඛා'**. විශාඛාව කියලා කියන්නේ, මුළු පරම්පරාවටම අම්මා කෙනෙක් වගේ උදව්පදව් කරගෙන ජීවත් වෙච්ච කෙනෙක්. ඒ නිසාම ඇයට නාමයක් පටබැඳුණා "මිගාර මාතා" කියලා. මිගාර කියන පවුලේ කෙනෙකුටයි

විශාඛාව විවාහ කරලා දුන්නේ. විශාඛාවගේ මාමණ්ඩියයි, නැන්දණියයි බුදුරජාණන් වහන්සේ ඉස්සරහා ඇවිදින් කිව්වා, "ස්වාමීනි, ඇය අපේ ලේලිය නොවෙයි. ඇය අපේ මෑණියන්දෑය" කියලා. මේ සිද්ධිය මුල්කරගෙන තමයි "මිගාරමාතාව" කියන නම පටබැඳුනේ. ඊට පස්සේ "මිගාරමාතා නොහොත් විශාඛා" කියලා හැමතැනම කීර්තිනාමයක් පැතිරුණා. දැන් බලන්න, භාර්යාවන් අතරින් ශ්‍රේෂ්ඨතම බිරිඳක් බවට පත්වුණේ කවුද? මාතෘ බිරිඳයි. අන්න ඒ නිසා අම්මා කෙනෙක් වගේ ගෙදරදොර සෑම දෙයක්ම සොයලා බලලා කටයුතු කිරීමේ හැකියාව බිරිඳකට තියෙන්න ඕන.

මෙන්න ලේලියකගේ වගකීම...

එක්තරා අවස්ථාවක තමන්ගේ ගව පට්ටියේ ගව දෙනක් පැටියෙක් වදන්න ලෑස්ති වෙනකොට විශාඛාව එතැනට ගිහින් දාසියක් වගේ කටයුතු කළා. අන්න ඒ සිද්ධියත් විශාඛාවට මේ නම පටබැඳෙන්න මූලික හේතුවක් වුණා. මොකද එදා විශාඛාව කිව්වා, "මම මේ ගෙදර හැමදෙයක්ම හොයලා බලලා කරන්න ඕන. ඒක මගේ යුතුකමක්. මට මේ පවුලේ හැමදෙනාටම සෙත සළසන්න ඕන" කියලා. අන්න එදා මාමණ්ඩිලා තේරුම් ගත්තා "මේ කෙනා නම් ලේලි කෙනෙක් නෙමෙයි. මේ නම් අම්මා කෙනෙක්මයි" කියලා. අන්න ඒ වගේ මව් කෙනෙක් තුළ තිබිය යුතු ලක්ෂණ විශාඛාව තුළ තිබිලා තියෙනවා.

වාසනාවන්ත සැමියෙක් පින්වන්ත බිරිඳක්...

යම්කිසි බිරිඳක් මාතෘ ස්නේහයෙන් යුතුව තමන්ගේ ස්වාමියා කෙරෙහි කටයුතු කරනවා නම්, අන්න ඒ ස්වාමියා මේ ලෝකයේ ඉන්න වාසනාවන්තම සැමියෙක්.

ඒ බිරිඳ මේ ලෝකයේ ඉන්න පින්වන්තම බිරිඳක්. එහෙම නම් අපට පැහැදිලිව පේනවා බුදුරජාණන් වහන්සේගේ ධර්මය තුළින් විතරයි, මේ විදිහට ජීවිත සකස් කරගන්න තියෙන්නේ. මාතෘ බිරිඳක් වෙච්ච කෙනෙකුට ඉක්මනින් ධර්මය අවබෝධ කරගන්න පුළුවන්කම තියෙනවා. මොකද තමන්ගේ ජීවිතයට පව් රැස්වෙන්නේ නැහැ. අපට පේනවා බොහෝ දෙනෙකුට මේ ධර්ම මාර්ගය දියුණු කරන්න බැරි වෙලා තියෙන්නේ, තමන් ගොඩනගාගෙන ඉන්න චරිත ලක්ෂණ තුළ තියෙන අඩුපාඩුකම් නිසයි.

ඔක්කොටම කලින් ගුණධර්ම දියුණුකර ගන්න...

අපට පේනවා, ධර්මය දියුණු කරගන්න කොයිතරම් වුවමනාවක් තිබුණත්, තමන් තුළ ගොඩනගාගෙන තියෙන දුර්වලතාවයන්මයි තමන්ට බාධා පිණිස පවතින්නේ. ඒ නිසා යම්කිසි කෙනෙක් වධක බිරිඳක් වෙලා හිටියා නම්, වහාම ඒකෙන් අත්මිදෙන්න මහන්සි ගන්න ඕන. යම්කිසි කෙනෙක් චෝරි බිරිඳක් වෙලා හිටියා නම් වහාම ඒකෙන් අත්මිදෙන්න මහන්සි ගන්න ඕන. ඒ වගේම යම්කිසි කෙනෙක් ළමාතැනී බිරිඳක් වෙලා හිටියා නම්, වහාම ඒකෙන් අත්මිදෙන්න මහන්සි ගන්න ඕන. ඉක්මනින් ඉක්මණින් මාතෘ බිරිඳකගේ ගති ලක්ෂණ තමන් තුළ ඇති කරගන්න මහන්සි ගන්න ඕන. දැන් අපට පේනවා, ධර්මය කොච්චර ඉගෙනගත්තත්, කොයිතරම් භාවනා වැඩසටහන්වලට සහභාගී වුණත්, එයාට තිබෙන්නේ වධක බිරිඳකගේ ලක්ෂණ නම්, ධර්මය පිහිටන්නේ නැහැ. ඇයට තියෙන්නේ චෝරි බිරිඳකගේ ගති ලක්ෂණ නම්, ධර්මය පිහිටන්නේ නැහැ. ඇයට තියෙන්නේ ආර්යා බිරිඳකගේ

ගති ලක්ෂණ නම්, ධර්මය පිහිටන්නේ නැහැ. ධර්මයේ පිහිටන්නේ බොහෝම යහපත් කරුණාවන්ත, ශාන්ත ගතිගුණ තියෙන, තමන්ගේ අඩුපාඩු හදාගන්න මහන්සි ගන්නාවූ මානසික පසුබිමක් තියෙන, කෙනෙක් නම් පමණයි.

සහෝදරියක් වගේ බිරින්දෑවරුත් ඉන්නවා...

ඊළඟ බිරිඳ තමයි **"භගිනී භාර්යාව."** සහෝදරිය වගේ බිරිඳ. බුදුරජාණන් වහන්සේ වදාළා, **(යථාපි ජෙට්ඨේ භගිනී කනිට්ඨා)** ගෙදරක වැඩිමහල් සහෝදරයෙක් ඉන්නවා නම්, ඒ ගෙදර ඉන්න බාල නංගී ඒ වැඩිමහල් සහෝදරයා ඉස්සරහා නටන්නේ නැහැ. විහිළු තහළු කරන්නේ නැහැ. හයියෙන් හිනාවෙන්නේ නැහැ. රණ්ඩු අල්ලන්නේ නැහැ. මොකද ඒ? තමන්ගේ වැඩිමහල් සහෝදරයාට, බාල නංගී ගෞරව කරන නිසයි. කීකරු නිසයි. **(සගාරවා හෝති සකම්හි සාමිකේ)** අන්න ඒ වගේ තමයි, මේ භගිනි භාර්යාව, තමන්ගේ ස්වාමියා ඉදිරියේ හැසිරෙන්නේ. තමන්ගේ ස්වාමියා ඉස්සරහා හයියෙන් හිනාවෙන්නේ නැහැ. ස්වාමියා ඉස්සරහා විහිළු තහළු කරන්නේ නැහැ. ස්වාමියා ඉස්සරහා නොමනා විදිහට හැසිරෙන්නේ නැහැ. ස්වාමියත් එක්ක එකට එක කියාගෙන යන්නෙ නැහැ. හිතුවක්කාරකම් කරන්නේ නැතුව **(හිරිමනා)** හරිම ලැජ්ජාශීලීව තමන්ගේ ස්වාමියා ඉස්සරහා හැසිරෙනවා. **(භත්තුවසානුවත්තිනී)** ස්වාමියාට හොඳින් ඇහුම්කන් දෙනවා.

මෙන්න මේ ගතිගුණ වලින් යුතු භාර්යාව ගැන බුදුරජාණන් වහන්සේ වදාළේ **"භගිනී භාර්යාව"** කියලයි. භගිනී කිව්වේ සහෝදරියට. 'භගිනී භාර්යාව' කියන්නේ

සහෝදරිය වගේ සිටින බිරිඳයි. අපි ඕනතරම් දැකලා තියෙනවා ඒ වගේ අය මේ සමාජයේ ජීවත් වෙනවා. ඒ අය හරිම සතුටෙන්, සාමයෙන් සහෝදරයින් වගේ ජීවත් වෙනවා. මෙවැනි භාර්යාවන් තමන් ධර්මයේ හැසිරෙනවා විතරක් නෙවෙයි, තමන්ගේ ස්වාමියාටත් ඒ ධර්මය ලබා දෙනවා. තමන්ට ධර්මය ඇහෙද්දි එයා කල්පනා කරනවා, "අනේ! අපේ මහත්තයාටත් මේ ධර්මය කියාදෙන්න තියෙනවා නම්, අපේ එක්කෙනාටත් මේ ධර්මය උගන්වන්න තියෙනවා නම්, මෙයාවත් කොහොමහරි ධර්මය කරා යොමු කරවන්න පුළුවන් වුණොත් කොයිතරම් යහපතක්ද?" කියලා.

වන්දනීය බිරිඳක්...

මම දන්න එක මාතාවක් හිටියා තමන්ගේ ස්වාමියා පිටරටක ගිහින් නොහොඹිනා විදිහේ ජීවිතයක් ගතකරලා පිළිකාවකුත් හදාගෙන තමන්ගේ නිවසට ආපු වෙලාවේ, මේ බිරිඳ ස්වාමියා කෙරෙහි ද්වේෂයක් ඇති කරගන්නේ නැතුව, ඉතාම කරුණාවෙන් ස්වාමියාට ඇප උපස්ථාන කළා. ඒ විතරක් නෙවෙයි ධර්මයත් කියලා දුන්නා.

සාමාන්‍යයෙන් වෙන කෙනෙක් නම් "උඹ මාව දාලා ගියා. දැන්ද උඹට මාව මතක් වුණේ?" කියලා වෛර බැඳ ගන්නවා. නමුත් මේ බිරිඳ එහෙම කළේ නැහැ. මේ ස්වාමියා රෝගයෙන් අසරණ වෙලා ඇඳේ වැතිරිලා ඉන්දැද්දි මේ කාන්තාව මට ලියුමක් එවලා තිබුණා, "අනේ! ස්වාමීන් වහන්ස, මගේ ස්වාමියා මෙහෙම කෙනෙක්. දැන් මේ වගේ රෝගයක් හැදිලා. මම එයාට අනුකම්පාවෙන් ධර්මය කියාදීගෙන යනවා. මම කොහොම හරි උත්සාහ කරන්නේ එයාට සුගතියකවත් උපදින්න ඉඩකඩ හදලා

දෙන්නයි. ඔබවහන්සේට පුළුවන්කමක් තිබුණොත් වඩින්න" කියලා.

ධර්මයේ පිහිටපු බිරිඳෑවරුන්ගේ ලක්‍ෂණ...

ඉතින් මම දවසක් ඒ ගෙදරට වැඩියා. ස්වාමියාට නැගිටගන්න බැහැ. ඉණෙන් පල්ලෙහා පණ නැහැ. ඒ ස්වාමියා අඬ අඬා කියන්න පටන් ගත්තා "අනේ! ස්වාමීන් වහන්ස, හැට අවුරුද්දක් ගෙවිලා ගිය මගේ ජීවිතය දිහා ආපස්සට හැරිලා බලද්දී, මට ඒක තඹ දොයිතුවක්වත් වටින්නේ නැහැ. මම මේ ඇඳේ වැටිලා එක්තැන් වෙලා මාස හයයි. මේ මාස හය තමයි ජීවිතයේ වටිනාම කාලය වුණේ. මේ ඉන්නේ මගේ බිරිඳ, ඔබවහන්සේගේ භාවනා වැඩසටහන්වලට ගිහින් ධර්මය අහගෙන ඇවිල්ලා පුටුවක් තියාගෙන මට ඔක්කොම උගන්වනවා."

බිරිඳ කළ්‍යාණ මිත්‍රයෙක් වෙලා...

ඒ මහත්තයා මට කියනවා, "ස්වාමීන් වහන්ස, මට දැන් මේ ශරීරය දිහා ස්කන්ධ වශයෙන්, ධාතු වශයෙන්, ආයතන වශයෙන් බලන්න තේරෙනවා. මම නිතරම මේ ජීවිතය අනිත්‍ය වශයෙන් විදර්ශනා කරනවා." අන්න බලන්න ධර්මයේ පිහිටපු බිරින්දෑවරුන්ගේ ලක්ෂණ. ද්වේෂය ඇති කරගන්නේ නැතුව, ඉවසීමෙන් යුක්තව තමන්ගේ ස්වාමියාට ආදරයෙන් උපස්ථාන කරනවා. දැන් බලන්න ඒ දෙන්නටම ධර්මාවබෝධය කරා යන්න බැරිද? පුළුවන්.

වැලන්ටයින් පෙම්වතුන්ගේ කඳුළු කතාව...

සමහර ස්වාමිවරුන් බිරින්දෑවරුන් එහෙම නෙවෙයි. "මං තොගෙන් ජාති ජාතිත් පලිගන්නවා"

කියලා වෛර බැඳගන්නවා. එහෙම පලිගන්න අදහසින් ඉන්න අය ඕනෑතරම් ඉන්නවා. ඊට පස්සේ ආයෙමත් මේගොල්ලෝ සංසාරේ වැලන්ටයින් දවසට හම්බ වෙනවා. ඊට පස්සේ රෝස මලක් අරගෙන දුවනවා. "ආවා... මගේ වැලන්ටයින් කුමාරයා ආවා..." කියලා. කවුද මේ හම්බවෙලා තියෙන්නේ, සමහරවිට සංසාරේ පලිගන්න කියලා හිතාගෙන ආපු අය. ඊට පස්සේ ටික කාලයයි. බැඳලා මාසේ දෙක යනකොට යකා යක්ෂණී. ඇඬූ කඳුලෙන් තමයි මුළු ජීවිත කාලයම ගත කරන්න සිද්ධ වෙන්නේ. ස්වාමියයි, බිරිඳයි ගහ ගන්නවා. එහෙම නැද්ද? ඕනතරම් තියෙනවා. එවැනි පවුල් ජීවිත සම්පූර්ණයෙන්ම අවුල් ජාලාවක්.

එතකොට අපට පේනවා, පවුල් ජීවිතයක් සාර්ථක වෙන්න නම්, ඒ පවුල් ජීවිතවලට බිරිඳකගෙන් අම්මා කෙනෙකුගේ සෙනෙහසක් අවශ්‍යයි. පවුල් ජීවිතයක් සාර්ථක වෙන්න නම්, ඒ පවුල් ජීවිතයට බිරිඳගෙන් සහෝදරියකුගේ සෙනෙහසක් අවශ්‍යයි. එවැනි උතුම් ගුණධර්ම කාන්තාවන්ගේ චිත්ත සන්තානය තුළ දියුණු වෙලා තියෙනවා නම්, පවුල් ජීවිතත් සාර්ථක කරගෙන, බුදුරජාණන් වහන්සේගේ ධර්මය කරා පැමිණිලා ධර්මය අවබෝධ කරගන්නත් පුළුවන්කම තියෙනවා.

ලොකුකම් වලින් මාර්ගඵල ලබන්න බැහැ...

මේ ධර්ම මාර්ගය දියුණු කරනවා කියන්නේ හිතන තරම් ලේසි දෙයක් නෙවෙයි. මේ තරම් අභියෝග යක් මේ ලෝකයේ කොහේවත් නැහැ. මාර්ගඵල ලබන ආකාරයට ජීවිතය දියුණු කරගන්නවා කියන්නේ, ඉතාමත් සිහියකින්, මනා නුවණකින් දියුණු කරගත යුතු සියුම්

වැඩපිළිවෙලක්. එහෙම නැතුව, "ආ! මම දැන් භාවනා වැඩසටහන්වලට යනවා. මට දැන් පටිච්ච සමුප්පාදය පාඩම්. පංච උපාදානස්කන්ධයත් පාඩම්. මම කොහොමහරි මාර්ගඵල ලබනවා. බලාපන් මම කරන දේ..." එහෙම කියලා පණ්ඩිතකම් වලින්, ලොකුකම් වලින් කවදාවත් ධර්මාවබෝධය කරා නම් යන්න ලැබෙන්නේ නැහැ.

වරද කාගේද?...

මම දන්නවා සමහර මෑණිවරු භාවනා වැඩසටහන් වලට ඇවිල්ලා, ධර්මය පොඩ්ඩක් එහෙන් මෙහෙන් ඉගෙනගෙන මුළු ගෙදරම තමන්ට යටත් කරගන්න හදනවා. සමහරු ගෙදර ගිහින් ස්වාමියාට කියනවා, "මම දැන් වෙනම ජීවිතයක් ගෙවන කෙනෙක්. ඔහේ කැමති විදිහකට ඉන්නවා." දරුවන්ටත් කියනවා, "උඹලා උයාගෙන කාපල්ලා. මම මීට පස්සේ උඹලා ගැන හොයන්නේ නැහැ. මම මේ ඔක්කොම අතහැරලා ඉන්නේ" කියලා. ඊට පස්සේ මොකද වෙන්නේ? ළමයි ටික වැඩසටහන්වලට එන එක තහනම් කරනවා. ස්වාමියා භාවනා උගන්වන ගුරුවරුන්ටත් එක්ක බණින්න පටන් ගන්නවා. මෙහෙම බැණුම් අහගෙන සමහර බිරින්දෑවරු අඬාගෙන ඇවිල්ලා මට කියනවා, "අනේ! ස්වාමීනී, ඔබ වහන්සේටත් බණිනවා. ගෙදර අය ධර්මයට විරුද්ධයි. මාර පිරිසක් මැද මම ඉන්නේ. මට භාවනා වැඩසටහන් වලට එන්න දෙන්නේ නැහැ" කියලා. හොයලා බැලින්නම් තනිකරම වැරැද්ද කාගෙද? බිරිඳගේ.

නිවස පුණ්‍ය ගංගාවක් කරගන්න...

ධර්මයේ හැසිරෙන කාන්තාවන්ට මම කියන්නේ, පාන්දරින්ම නැගිටින්න ඕන. තමන්ගේ ස්වාමියා කෙරෙහි

මෛත්‍රී සිතක් ඇතිකරගෙන උදෑසනින්ම තේ එකක් හදලා ළඟට ගිහින් දෙනවා, ඒක පිනක්. දරුවන්ට තේ හදලා දෙනවා. මෛත්‍රී සහගත සිතින් උයලා ස්වාමියටයි, දරුවන්ටයි කන්න බෙදලා දෙනවා. මේ ඔක්කොම ජීවිතයට රැස්වෙන පින්. අන්න එහෙමයි ධර්මයේ හැසිරෙන්නේ.

අඬාගෙන නඩු අරගෙන මම ළඟට එන අයට මම ඔය ටික කිව්වට පස්සේ "හා...! හොඳයි" කියලා ගෙදර යනවා. මෙන්න ටික දවසකින් ඇවිත් කියනවා, "ස්වාමීනි, දැන් නම් මගේ ස්වාමියා දෙවි කෙනෙක්. දැන් ගෙදර ෂෝක්" කියලා. එහෙනම් කාටද වැරදිලා තියෙන්නේ? තමනුයි වරද්දාගෙන තියෙන්නේ. පොඩ්ඩක් ධර්මය ඉගෙන ගත්තා කියලා, ටික වෙලාවක් විදර්ශනා කළා කියලා මේක හිතට අරගෙන ගෙදර අය පාලනය කරන්න ගියාට පස්සේ ඔන්න වෙන දේවල්.

එල බරවෙද්දී අතු පාත්වෙනවා...

ඇත්තෙන්ම ධර්මයේ හැසිරෙන කෙනෙක් නම්, ගහක එල බරවෙන්න බරවෙන්න අතු පාත්වෙනවා වගේ, තමන් තුළ සීලාදී ගුණධර්ම වැඩෙන්න වැඩෙන්න, සමථ විදර්ශනා වැඩෙන්න වැඩෙන්න, වෙනදාටත් වඩා නිහතමානී වෙන්න ඕන. ඒක තමයි අවංකවම ධර්මයේ හැසිරෙන අය තුළ පිහිටන ලක්ෂණය. මේ විදිහට අවංකවම ධර්මයේ හැසිරිලා ගුණධර්ම දියුණු කරන අය ඕනෑතරම් ඉන්නවා. සමහර ස්වාමිවරු ඇවිත් බිරිඳට පින් දෙනවා, "අනේ! ස්වාමීනි, මමත් මේ ධර්ම මාර්ගයට හැරුණේ බිරිඳ නිසයි. මාව දන්පැන් දෙන්න පෙළෙඹෙව්වේ, මට බණ භාවනා කියලා දුන්නේ මගේ බිරිඳයි. දැන් මම ඔබ වහන්සේගේ පොත්පත් කියවලා භාවනා කරනවා" කියලා.

එහෙනම් අපට පැහැදිලිව පේනවා, ඒ බිරිඳ ධර්මය අල්ලපු කෙනෙක්.

ජීවිතයේ හැම පැත්තක්ම දියුණුකර ගන්න...

ඇත්තෙන්ම ධර්මයේ හැසිරෙන බිරිඳකට දරුවන්ගේ ස්වාමියාගේ කටයුතු ආදී ගෙදර දොරේ හැමදෙයක්ම හොයලා බලලා කටයුතු කරන්න පුළුවන් වෙන්න ඕන. අපි ගත්තොත් බුදුරජාණන් වහන්සේගේ කාලේ කුටි සකස් කරන ඒවා, කුටිවල ප්‍රතිසංස්කරණ වැඩ, විහාරස්ථානවල අස්පස් කිරීම් පිළිසකර කිරීම් ආදිය කරලා තියෙන්නේ රහතන් වහන්සේලා විසින්. ඒ නිසා අපි තේරුම් ගන්න ඕන, ධර්ම මාර්ගයේ යන කෙනා ජීවිතයේ හැම පැත්තක්ම දියුණු කරගන්නවා.

සඛී භාර්යාව...

බුදුරජාණන් වහන්සේ වදාළා, "ඊළඟ බිරිඳ තමයි "**සඛී භාර්යාව.**" යෙහෙළිය බඳු වූ ගතිගුණවලින් යුක්ත බිරිඳ" අපි හිතමු ඔන්න ඔබත් එක්ක එකටම හිටපු හොඳම යාළුවෙක් කාලෙකට පස්සේ ඔබව හොයාගෙන එනවා. ඇතදීම ඒ කෙනාව දකිනකොට ඔබට මොකද හිතෙන්නේ? ඇස් ලොකු වෙලා, කට පළල් වෙලා. හිනාවක් ගිහිල්ලා "ආ! දන්ද ආවේ?" කියලා දුවලා ගිහින් අතින් අල්ලගෙන ගෙට එක්කරගෙන ඇවිල්ලා ඉන්දවලා කතාබස් කරනවා නේද? මෙන්න මේ වගේ තමයි, සඛී භාර්යාව. තමන්ගේ ස්වාමියා රැකියාවට ගිහින් එනකොට, එහෙමත් නැත්නම් වෙන ගමනක් ගිහින් එනකොට මඟ බලාගෙන ඉන්නවා. දකිනකොටම මෙයාට ඇතිවෙන්නේ ලොකු ප්‍රීතියක්, සතුටක්. ළඟට දුවගෙන ගිහිල්ලා, අතින් අල්ලා ගෙන ගෙට එක්කරගෙන ගිහිල්ලා කාලෙකට

පස්සේ යාළුවෙක් හමුවුණා වගේ, හිනාවෙවී කතා කර කර, සතුටින් සළකනවා. **(කෝලෙය්‍යකා)** පවුලට හරිම හිතවත්. **(සීලවතී)** හරිම සිල්වත්. **(පතිබ්බතා)** පති භක්තියෙන් යුක්තයි. මෙන්න මේ ගුණවලින් යුක්ත, යෙහෙළිය බඳු වූ බිරින්දෑවරු මේ සමාජය තුළ ඕනෑතරම් දකින්නට ලැබෙනවා. මේ ගුණධර්ම තියෙන බිරිඳටත් ධර්මය අවබෝධ කරන්න පුළුවන්කම තියෙනවා.

කරමැටි පොළොවක... සරු එල පතමුද?...

දැන් අපි ගනිමු පොළොවක් තියෙනවා. නමුත් ඒ පොළොව කරමැටි පොළොවක් නම්, කොයිතරම් සරුසාර පැලයක් ඉන්දවන්න හැදුවත් ඒක හරියන්නේ නැහැ. අන්න ඒ වගේ තමයි, ගුණධර්මයන් පුරුදු කරපු නැති ජීවිතයක්, කොයිතරම් ධර්මය ශ්‍රවණය කළත්, කොයිතරම් ධර්මය අවබෝධ කරන්න කල්පනා කළත් අවබෝධයක් කරා යන්න බැහැ. ධර්මාවබෝධය කරා යන්න නම්, තමන්ගේ ජීවිතය තුළ ගුණධර්ම දියුණු කරගත යුතු වෙනවා.

දාසි භාර්යාවගේ ස්වභාවය...

බුදුරජාණන් වහන්සේ වදාළ ඊළඟ භාර්යාව තමයි, "දාසි භාර්යාව." **(අක්කුද්ධසන්තා වධදණ්ඩතජ්ජිතා)** කොයිතරම් වද දුන්නත්, දඬුමුගුරු අරගෙන කොයිතරම් හිරිහැර පීඩා කළත් ඇයගේ හිතේ තම ස්වාමියා කෙරෙහි තරහක් ඇතිවෙන්නේ නැහැ. **(අදුට්ඨචිත්තා පතිනෝ තිතික්ඛති)** ස්වාමියා මොනතරම් වද හිංසා කළත් කෝප රහිත සිතින් ඒවා ඉවසනවා. **(අක්කෝධනා)** වෛර බැඳගෙන ඉන්නේ නැහැ. **(භත්තුවසානුවත්තිනී)** ස්වාමියාට ඇහුම්කන් දෙනවා. අන්න ඒ වගේ බිරිඳකට කියනවා "දාසි බිරිඳ" කියලා. මේ ආකාරයේ ගුණධර්ම තියෙන

දාසි බිරින්දෑවරු අදත් ඉන්නවා. ස්වාමියාගේ හිංසා පීඩා මැද්දේ, තරහ සිතක් ඇති කරගන්නේ නැතුව, ඉවසීමෙන්, මෛත්‍රියෙන් ජීවත් වෙන අය.

තුන්දෙනෙක් නිරයේ. හතරක් සුගතියේ...

බුදුරජාණන් වහන්සේ වදාළා, "මේ බිරින්දෑවරු හත් දෙනාම ඕනෑම සමාජයක් තුළ, ලෝකයේ හැමදාම දකින්නට ලැබෙනවා. යම් වධක භාර්යාවක් සිටීද, යම් චෝරි බිරිඳක් සිටීද, ආර්යා බිරිඳක් සිටීද මේ තුන් දෙනාම දුස්සීලයි. මේ තුන් දෙනාම නපුරුයි. ආදර රහිතයි. ඒ තුන් දෙනාම මරණින් මත්තේ නිරයේ උපදිනවා.

යම් මාතෘ බිරිඳක් වෙයිද, යම් භගිනි බිරිඳක් වෙයිද, යම් සඛී බිරිඳක් වෙයිද, යම් දාසි බිරිඳක් වෙයිද මේ භාර්යාවන් හතර දෙනාම සිල්වත්. ඒ වගේම බොහෝම සංවරකමින් යුක්තයි. සීලයේ පිහිටි සංවර ජීවිතයක් ගත කරනවා. මේ බිරින්දෑවරු හතර දෙනාම කය බිඳී මරණින් මත්තේ සුගතියේ උපදිනවා" කියලා. එහෙනම් අපට ඉතාමත් පැහැදිළිව පේනවා යම් ගෙදරක සතුට රැකෙන්න නම්, පවුල් ජීවිත සාර්ථක වෙන්න නම්, ඒ ගෙදර ජීවත් වෙන බිරිඳගේ ක්‍රියා කලාපය සම්පූර්ණයෙන්ම බලපානවා.

මම අද ඉඳන් දාසි බිරිඳක් වෙනවා...

බුදුරජාණන් වහන්සේ මේ විදිහට විස්තර කරලා සුජාතාවගෙන් අහනවා, "ඉතින් සුජාතාවනි, මේ බිරින්දෑවරුන් හත් දෙනාගෙන් ඔබ කාටද අයිතිවෙන්නේ?" කියලා. සුජාතාව, "අනේ! භාග්‍යවත් බුදුරජාණන් වහන්ස, මම අද ඉඳන් දාසි බිරිඳක් වෙනවා" කියලා ප්‍රතිඥා දුන්නා.

මේකෙන් අපට පේනවා, කෙනෙකුට ඕනෑනම්,

හිතේ අධිෂ්ඨානයක් ඇති කරගත්තොත් මාතෘ බිරිඳක් වෙන්න පුළුවන්. ඒ වගේම භගිනී බිරිඳක් වෙන්නත් පුළුවන්. එහෙමත් නැත්නම් සඛී බිරිඳක් වෙන්නත් පුළුවන්. උත්සාහය, වීරිය තියෙන කෙනෙකුට දාසි බිරිඳක් වෙන්නත් පුළුවන්. මේ කියපු බිරින්දෑවරුන් සියලු දෙනාම සිල්වත් සමාකාමී අය. බොහෝ විට ගත්තොත් බිරින්දෑවරු සාමකාමී නැහැ. අපි දන්නවා සමහර බිරින්දෑවරු ඉන්නවා, ස්වාමියා වැඩ ඇරිලා ගෙදර එනකොටම කේන්ති අවුස්සන කරුණු ගොඩාක් එකතු කරගෙන ඉඳලා ගේට්ටුව ගාවදීම ඒක දිගහරිනවා. ඉතින් ගිනි ඇවිලිලා තමයි ගෙට ඇතුල් වෙන්නෙත්. ගේ ඇතුළට ඇවිල්ලා මොකද වෙන්නේ? බඩු පොළොවේ ගහනවා. වළං මුට්ටි පොළොවේ ගහනවා. මෙහෙම දේවල් නැද්ද? ඕනෑතරම් තියෙනවා. එතකොට අපට පේනවා මේ ඔක්කොම පච්කරගන්න අය.

වරද බිරිඳගේ විතරක් නොවෙයි...

දැන් මේ කරුණුවලින් අපට ඉතාමත්ම පැහැදිලියි ගෙදරක බිරිඳක් යහපත් වුණොත් විතරයි, පවුල් ජීවිත සාර්ථක වෙන්නේ, ඒ ගෙදර සතුට දියුණුව රඳා පවතින්නේ කියලා. සමහර තැන් තියෙනවා බිරිඳ හරිම යහපත්. නමුත් ස්වාමියා හරිම නපුරුයි, හරි දුෂ්ඨයි. ගෙදර ආපුවෙලේ ඉඳන් බිරිඳට වදහිංසා කරනවා. ඒ වගේ වෙලාවක පවුල් ජීවිත අසාර්ථක වෙන්නේ බිරිඳ නිසා නෙවෙයි, ස්වාමියා නිසයි. ඒ නිසා යම්කිසි ස්වාමියෙකුට මාතෘ බිරිඳක් ලැබුණොත් ඒ ස්වාමියා මාතෘ බිරිඳට ඇහුම්කන් දෙන්න ඕන. භගිනී බිරිඳක් ලැබුණොත්, එහෙමත් නැත්නම් යෙහෙළිය වගේ බිරිඳක් ලැබුණොත්, දාසි බිරිඳක් ලැබුණොත් ඒ ස්වාමියා තමන්ගේ බිරිඳට ඇහුම්කන් දෙන්න ඕන.

යම්කිසි ස්වාමියෙකුට මේ වගේ ගතිගුණ තියෙන යහපත් බිරිඳක් ලැබුණට පස්සේ, ඒ බිරිඳගේ අහිංසකකම, ඒ බිරිඳගේ සෙනෙහස, ඒ බිරිඳගේ කරුණාව, ඒ බිරිඳගේ කැපවීම ඉක්මවා යන්න ඔහු කල්පනා කළොත්, ඒ කරුණින්ම ස්වාමියා තමන්ගේ ජීවිතය අපාගත වන මට්ටමට අකුසල් රැස් කරගන්නවා. යම් ස්වාමියෙක් එබඳු යහපත් බිරිඳකට ඇහුම්කන් දෙන්නේ නැත්නම්, ඒක ඒ බිරිඳගේත් අවාසනාවන්තකමක්.

සාර්ථකත්වයේ සලකුණ...

ඒ නිසා විශේෂයෙන්ම ගෙදරක සාර්ථකත්වය දරු මුණුබුරන්ගේ දියුණුව, ව්‍යාපාර කටයුතුවල දියුණුව, පවුල් ජීවිතවල සතුට සම්පූර්ණයෙන්ම වගේ රඳා පවතින්නේ යහපත් බිරිඳකගේ උදව් උපකාර මතයි. ඒක බුදුරජාණන් වහන්සේගේ දේශනාවල ඉතාමත්ම පැහැදිලිව තියෙනවා. මේ සමාජය දිහා බැලුවත් ඒක අපට ඔප්පු වෙනවා. තමන්ගේ ස්වාමියාවත් හදාගෙන, දරුමල්ලන්වත් හදාගෙන, ඒ සියලු දෙනාවම ධර්මයට යොමු කරවමින්, සතුටින් ධර්මයේ හැසිරෙමින් ජීවත්වෙලා, මරණින් මත්තේ සුගතියේ උපදින යහපත් බිරින්දෑවරුන් අදත් ඉන්නවා. දැන් බලන්න බුදුරජාණන් වහන්සේගේ ධර්මය තුළ අපේ ජීවිත හැඩගස්සගන්න, අපේ ජීවිත සාර්ථක කරගන්න උපකාර වෙන කොයිතරම් වටිනා ධර්ම කොටස් තියෙනවාද කියලා.

නුවණැත්තාට උපන් ආගම ප්‍රශ්නයක් නෙවෙයි...

මේ ළඟදී දවසක මුස්ලිම් මහත්තයෙක් මම ළඟට ආවා. ඒ මහත්තයා තනියම අපේ පොත්පත් කියවලා, ඒ

පොත්පත්වල තියෙන ක්‍රමයට ආනාපානසති භාවනාව පුරුදු කරලා. මෙයාගේ වාසනාවට හිතේ සමාධියක් ඇතිවුණා. මේ මහත්තයා කල්පනා කරලා තියෙනවා, "මම මෙච්චර කාලයක් 'අල්ලා' කියලා කෙනෙකුට යාඥා කර කර හිටියා. මේ විදිහට හිත දියුණු කරගන්න පුළුවන් කියලා මේ ආගමේ කවුරුත් දන්නේ නෑ. දැන් මට ඒ බව මා තුළින්ම ප්‍රත්‍යක්ෂ වුණා. මම ආයේ නම් කවදාවත් ඔය අල්ලාට යාඥා කරන්නේ නෑ" කියලා තනියම තිසරණයේ පිහිටලා මාව හමුවෙන්න ආවා. දැන් බලන්න පින්වතුනි, බුද්ධිමත් කෙනා කොහේ හිටියත් මේ ධර්මය අල්ලා ගන්නවා. ඒ මහත්තයා මට කියනවා, "අනේ! ස්වාමීනි, මම දැන් මේ මහන්සි ගන්නේ අපේ තාත්තටත් මේ ධර්මයේ තියෙන වටිනාකම තේරුම් කරවලා තාත්තාවත් තිසරණයේ පිහිටවන්නයි" කියලා.

රත්තරන් පර්වතයක් උඩ. ඒත් දන්නේ නෑ...

අවාසනාව කියන්නේ, සාම්ප්‍රදායික බෞද්ධ වෙච්ච බොහෝ දෙනෙකුට මේකේ වටිනාකම තේරුම්ගන්න බොහෝම අමාරුයි. උද්ධච්චකමින්, පුහු මාන්නයෙන් තර්ක විතර්ක කර කර ඉන්නවා මිසක්, ධර්මය කෙරෙහි ශ්‍රද්ධාව පිහිටුවාගන්න බොහෝ දෙනෙකුට අමාරු වෙලා තියෙනවා. ඇමෙරිකන් ජාතික ස්වාමීන් වහන්සේ නමක් හිටියා "භික්ඛු බෝධි" කියලා. උන්වහන්සේ මේ බෞද්ධයන් ගැන කිව්වේ, "මේ ශ්‍රී ලාංකික බෞද්ධයෝ රත්තරන් පර්වතයක් උඩ වාඩිවෙලා ඉන්න මිනිස්සු ටිකක්. නමුත් ඔවුන් බොහෝ දෙනෙක් දන්නේ නෑ, තමන් වාඩි වෙලා ඉන්නේ රත්තරන් පර්වතයක් උඩයි" කියලා. බලන්න මේ කියමන කොයිතරම් සත්‍යයක්ද කියලා. මේ රටේ මිනිස්සුන්ට මෙච්චර වටිනා ධර්මයක් ලැබිලා

තියෙද්දී, මේකේ වටිනාකම තේරුම්ගන්න බොහෝ දෙනෙකුට හැකියාවක් නැහැ.

සප්තභාර්යා පොරොන්දම බලමු...

විවාහ වෙන්න හිතාගෙන ඉන්න තරුණ දූ දරුවන්ට, අර වේලපත්කඩ උස්සගෙන ගිහින් මිථ්‍යා දෘෂ්ටික පොරොන්දම් බලනවාට වැඩිය, මේ බිරින්දෑවරුන් ගැන කියවෙන දේශනාව කියවන්න ලැබෙනවා නම්, ඒ දරුවන්ගේ ජීවිතවලට කොයිතරම් සාර්ථකත්වයක් ගොඩ නඟාගන්න පුළුවන්ද?

දැන් අපි දන්නවා සමහරු විවාහ වෙන්න කලින් පොරොන්දම් බලනවා. නැකැත් බලනවා. ඇයි මේවා කරන්නේ? එකිනෙකා අතර විශ්වාසයක් නෑ. "මේක හරියයිද? වරදියිද?" කියලා සැකයි. දෙන්නම අවබෝධයෙන් යුතුව තිසරණයේ පිහිටලා, දෙන්නට දෙන්නා අවබෝධයක් ඇතුව සීලයක පිහිටලා හිටියා නම් පොරොන්දම්වලින්, නැකැත්වලින් සාර්ථකත්වයක් මනින්න හදන්නේ නෑ.

සාර්ථක පවුල් ජීවිත...

අපි හිතමු ඔන්න දුවක් ඉන්නවා. ඒ දුව සෝතාපන්න වෙච්ච දුවක්. සෝතාපන්න වෙච්ච පුතෙක් එක්කම විවාහ වෙනවා. දැන් මේ අයගේ විවාහ ජීවිත සාර්ථක වෙයිද? එහෙම නැත්නම් අසාර්ථක වෙයිද? සාර්ථක වෙනවා. ඇයි ඒ පුතයි, දුවයි දෙන්නම අවබෝධයක් ඇතුව තිසරණයේ පිහිටපු, ආකාරවතී ශ්‍රද්ධාව ඇති කරගත්ත අය. ඒ විතරක් නෙවෙයි, ඒ දෙන්නම ආර්යකාන්ත සීලයෙන් යුක්තයි. දෙන්නට දෙන්නා තම තමන්ගේ ජීවිතවල තිබෙන සිල්වත්

බව හඳුනනවා නම්, කවදාවත් බාහිර කිසිම කෙනෙකුට කේලාම් කියලා මේ අයගේ පවුල් ජීවිත කඩාකප්පල් කරවන්න බැහැ. බාහිර කිසිම කෙනෙකුට, සීලය සම්බන්ධයෙන් චෝදනාවකට ලක්කරලා ඒ දෙන්නා අතර සැකයක් උපද්දවන්න බෑ. කවුරුහරි කේලමක් කිව්වට පස්සේ තමන්ගේ බිරිඳව සැක කරනවා නම්, එහෙමත් නැත්නම් තමන්ගේ පෙම්වතියව සැක කරනවා නම්, ඒකට හේතුව සීලය සම්බන්ධයෙන් ඔවුනොවුන් තුළ විශ්වාසයක් නැතිවීමයි. දූන් බලන්න ධර්මයේ හැසිරීම නිසා ජීවිතය තුළ කොයිතරම් සාර්ථකත්වයක් ඇතිකර ගන්න පුළුවන්ද කියලා.

මෝඩකමට බෙහෙත් කොයින්ද...?

මේ ළඟදී දවසක එක නෝනා කෙනෙක් ඇවිල්ලා මට කියනවා, "සෝතාපන්න වුණොත් ජීවිතය එපා වෙයි නේද?" කියලා. එතකොට අපට පේනවා ඒ කෙනා බෞද්ධ වේශයෙන් හිටියට බුදුරජාණන් වහන්සේගේ ධර්මය අල්පමාත්‍රයක් දන්නේ නැති අන්ධබාල මෝඩ කෙනෙක් කියලා. දූන් අපි දන්නවා බිම්බිසාර රජතුමා කියන්නේ සෝතාපන්න වෙච්ච කෙනෙක්. ඔය අපූරුවට රජකම් කළේ. සෝතාපන්න වුණා කියලා රජකම එපා වුණේ නැහැ. එතකොට අපට පේනවා ගිහි කෙනෙකුට ධාර්මිකව රට පාලනය කරමින්, ධාර්මිකව රජකම් කරන්න වුණත් පුළුවන්. ඊළඟට අනාථ පිණ්ඩික සිටුතුමා තමන්ගේ ව්‍යාපාර කටයුතු කරගෙන, සංසෝපස්ථාන කටයුතු කරගෙන ධර්මයේ හැසිරුණ සෝතාපන්න වෙච්ච කෙනෙක්. වර්තමාන ලංකාවේ ඉන්න බොහෝ බෞද්ධ වේශධාරීන්ට වෙලා තියෙන්නේ, ධර්මය දන්නේ නැති එකයි. ධර්මය කියලා හිතාගෙන ඉන්නේ මොකක්දෝ

වෙන මිථ්‍යා දෘෂ්ටියක්. බුදුරජාණන් වහන්සේගේ ධර්මය යම්කිසි කෙනෙක් මනාකොට තේරුම් ගත්තා නම්, ඒ ධර්මයේ වටිනාකම ගැන යම් අවබෝධයක් ඇතිවුණා නම්, තමන්ගේ පුංචි දරුවන් පවා මේ ධර්ම මාර්ගයේ හැසිරෙනවාටයි එයා කැමති වෙන්නේ.

ධර්මය නැති නිසාමයි මේ සියලු අපචාර...

දැන් අපි ගත්තොත් සෝතාපන්න වෙච්ච දුවෙක් හරි පුතෙක් හරි ඉහළ රැකියාවකට ගියොත් එයා කවදාවත් අල්ලස් දූෂණවලට හවුල් වෙයිද? හවුල් වෙන්නේ නෑ. එයා කවදාවත් රාජ්‍ය දේපල ගසාකමින් පගා ගහන්න හවුල් වෙන්නේ නැහැ. එයා සමාජයට ඉහළම සේවාවක් සපයනවා. තමන් කරන රැකියාව අවංකව ඉතාම පිරිසිදුව කරනවා. මේකෙන් අපට ඉතාමත්ම පැහැදිලි වෙනවා බුදුරජාණන් වහන්සේගේ ධර්මයට පැමිණි කෙනෙකුට විතරයි, අවබෝධයෙන්ම යුතුව සාර්ථක ජීවිතයක් ගොඩ නඟාගන්න හැකියාව ලැබෙන්නේ කියලා.

හැමදේම නැකතට... ඒත් කෝලාහල...

මේ රට දියුණුවක් කරා ගෙනයන්න බැරි එකම හේතුව තමයි, බුදුරජාණන් වහන්සේගේ ධර්මයෙන් බැහැරවෙලා, නැකැත් කේන්දරවලට අනුව, විචිකිච්ඡාවෙන් වැඩ පටන්ගැනීම. දැන් අපි දන්නවා දේශපාලන කෝලාහල ආවා. ඒත් නැකැතට තමයි ඔක්කොම කරන්නේ. පාර්ලිමේන්තුව විසුරවන්නේත් නැකතට. නාමයෝජනා භාරදෙන්නේත් නැකතට. ප්‍රචාරක කටයුතු පටන්ගන්නේත් නැකතට. පාප්ප බාල්දි උස්සාගෙන එළියට බහින්නේත් නැකතට. දේශපාලකයෝ නැකැත් බලලා තමයි, ඡන්ද පොළට යන්නෙත්. මොකක්ද මේකට හේතුව? තිසරණය

නැති සමාජයක්. මිථ්‍යා දෘෂ්ටියට මුල්තැන දීපු තීරණය නැති සමාජයක් තුළින් කවදාවත් මේ ලෝකයට යහපතක් සිදු කරන්න බැහැ. යම්කිසි කෙනෙක් අවබෝධයෙන් යුතුව බුදුරජාණන් වහන්සේ සරණ ගියා නම්, ධර්මය සරණ ගියා නම්, ශ්‍රාවක සංඝරත්නය සරණ ගියා නම්, අන්න ඒ කෙනාට පුළුවන්කම ලැබෙනවා, මෙලොව පරලොව ගැන අවබෝධයක් ඇතුව, රටට වැඩදායක සාර්ථක ජීවිතයක් ගොඩ නගාගන්න.

කොහේ ඉපදුණත් දුක දුකමයි...

තිසරණයේ පිහිටලා ජීවිතය සාර්ථක කරගන්න ගොඩාක් උපකාර වෙන දෙයක් තමයි සංසාර භය ගැන සිහිකිරීම. නිරයේ ස්වභාවය, තිරිසන් ලෝක, ප්‍රේත ලෝක ආදී ලෝකවල සත්වයන් විඳින දුක් දොම්නස්වල ස්වභාවය සිහිකිරීම. ඒ වගේම "සතර අපායේ වැටි වැටී යන භයානක ඉරණමකට හසුවෙච්ච ජීවිතයක් නේද මම මේ ගෙවන්නේ" කියලා, යම් කෙනෙක් නිතර සිහිකරනවා නම්, ඉක්මනින්ම චතුරාර්ය සත්‍යය අවබෝධ කරලා සංසාර දුකෙන් නිදහස් වෙන්න ඒ කෙනාට වීරිය ඇතිවෙනවා. බලන්න පින්වතුනි, මේ මනුස්ස ජීවිතය ගත්තත්, මිනිස්සු කොයිතරම් දුක් දොම්නස් විඳිනවාද? කාලෙකට ගංවතුරෙන් දහස් ගණන් දුක් විඳිනවා. කාලෙකට නියඟයෙන් වතුර පොදක් නැතුව දුක් විඳිනවා. සමහර රටවල්වල භූමිකම්පාවලින්, ඒ වගේම සාගතයෙන් මනුස්ස ජීවිත ලබපු කෝටි ගණන් දුක් විඳිනවා. බස් පෙරළිලා, නැව් පෙරළිලා හදිසි අනතුරුවලින් දහස් ගණන් මැරෙනවා. හැමතිස්සේම අපේ ජීවිතය ගෙනියන්න තියෙන්නේ, මේ වගේ අනතුරුදායක පරිසරයකයි. සැප සම්පත් ඇති ජීවිත අපි කොච්චර බලාපොරොත්තු

වුණත්, කවමදාවත් අපට දුක් කරදර නැති ජීවිතයක් නම් ලැබෙන්නේ නෑ. ඒ නිසා මේ ලැබිච්ච දුර්ලභ මනුස්ස ජීවිතය තුළදී, අපි එකිනෙකා තුළ තියෙන දුර්වලකම්, අඩුපාඩුකම් හරිගස්සගෙන, බුදුරජාණන් වහන්සේගේ ධර්මයට අනුව ජීවිතය ගොඩනගා ගන්න ඕන.

බිරිඳට ලාභ ගොඩක්...

දැන් බලන්න, යම්කිසි කෙනෙකුට හොඳ බිරිඳක් වෙන්න ලැබුණොත්, හොඳ දරුවන් ලැබෙනවා. යහපත් ගුණධර්ම ඇති ස්වාමියෙක් ලැබෙනවා. පවුලේ සියලු දෙනාම ධර්මයේ හැසිරෙමින් ධර්මානුකූලව ජීවිත ගතකරන නිසා හොඳ නෑදෑයෝ ලැබෙනවා. ඊට පස්සේ, මේ අයට ධර්මානුකූලව ජීවිතය ගොඩනඟා ගන්න පුළුවන් නිසා, වයසට යන්න යන්න ඒ දෙමාපියන් ගෙදර පූජනීය අය බවට පත්වෙනවා. කාගේත් ගෞරවාදරයට පාත්‍ර වෙනවා.

ඊළඟ එක තමයි, බිරිඳක් වුණාට පස්සේ තමන් කවදාවත් මාන්නයෙන් ඉදිමිලා, ආඩම්බර වෙන්න හොඳ නෑ. හිතට අරගෙන ආඩම්බර වුණොත්, ඒ කෙනාට කවදාවත් මේ ධර්ම මාර්ගයේ දියුණුවක් කරා යන්න ලැබෙන්නේ නෑ. ස්වාමියෙකුට වුණත් එහෙමයි. ඒ ආඩම්බරකම මුල් කරගෙනම, පවුලේම පිරිහීම පටන් ගන්නවා. යම්කිසි කෙනෙක් නිහතමානී වුණා කියන්නේ ජීවිතයේ දියුණුව කරා ගෙනයන ගුණධර්ම ඇතිකරගත්තා කියන එකයි.

දෙලොවම සුවපත් කරගන්න...

ඉතින් අපි මේ ලැබිලා තියෙන දුර්ලභ මනුස්ස ජීවිතය තුළ, මේ කියපු ගුණධර්ම ඇති කරගෙන ධර්මානුකූලව

ජීවිතය ගොඩනගා ගන්න මහන්සි ගන්න ඕන. බිරින්දෑවරු කල්පනා කරන්න ඕනෑ, "මම බුදුරජාණන් වහන්සේගේ ධර්මයේ හැසිරෙමින් යහපත් බිරිඳක් වෙනවා" කියලා. ස්වාමිවරු කල්පනා කරන්න ඕන, "මමත් ධර්මානුකූලව ජීවිතය ගොඩනගාගෙන යහපත් ස්වාමියෙක් වෙනවා" කියලා. අන්න ඒ විදිහට ජීවිතය ගොඩනගා ගත්තොත්, ඒ අයගේ මෙලොව ජීවිත විතරක් නෙවෙයි, පරලොව ජීවිත පවා ආරක්ෂා සහිතව සුගතිගාමී වෙනවා. ඉතින් ඒ නිසා හැමකෙනෙක්ම අධිෂ්ඨානයක් ඇති කරගන්න, "බුදුරජාණන් වහන්සේගේ ධර්මය මුණගැසුණු මේ උතුම් අවස්ථාව මඟ හැරෙන්න ඉඩ නොදී, තමන්ගේ ජීවිතවලට ධර්මය එකතු කරගෙන ධර්මානුකූලව පවුල් ජීවිත ගොඩනගාගෙන, ඉතාම ඉක්මනින් උතුම් චතුරාර්ය සත්‍ය ධර්මය අවබෝධ කරගන්න මහන්සි ගන්නවා" කියලා.

සාදු! සාදු!! සාදු!!!

නමෝ තස්ස භගවතෝ අරහතෝ සම්මාසම්බුද්ධස්ස
ඒ භාග්‍යවත් අරහත් සම්මා සම්බුදුරජාණන් වහන්සේට නමස්කාර වේවා!

02.
කෝධන සූත්‍රය

(අංගුත්තර නිකාය 4 - අබ්‍යාකත වර්ගය)

ශ්‍රද්ධාවන්ත පින්වතුනි,

අද අපි ඉගෙන ගන්නේ, අංගුත්තර නිකායේ හත්වෙනි නිපාතයට අයිති ඉතාමත්ම ලස්සන දේශනාවක්. මේ දේශනාව බුදුරජාණන් වහන්සේ වදාළේ, සැවැත් නුවර ජේතවනාරාමයේ දම්සභා මණ්ඩපයේදීයි. මේ දේශනාවේ නම **කෝධන සූත්‍රය**. මනුස්සයින්ගේ සිත්වල උපදින ක්‍රෝධය නිසා ඇතිවෙන විපත් ගැන විස්තරාත්මක කරුණු සමුදායක් මේ දේශනය තුළ ඇතුළත් වෙනවා.

දැන් අපේ කුඩා කාලය සිහි කළොත්, අපි කුඩා කාලයේ සෙල්ලම් බත් ඉව්වා. බෝල ගැහුවා. හැංගිමුත්තං කළා. සෙල්ලමට කඩවල් දැම්මා. යාළුවෝ එක්ක එකතු වෙලා ඒ වගේ දේවල් කරද්දී, ඔය අතරේ අපි රණ්ඩු සරුවල් ඇති කරගන්නවා. නමුත් මේ රණ්ඩු වෙලා, ඊළඟ මොහොතේ යාළුවෙනවා. හොඳට හිතලා බැලුවොත්

පුංචි කාලේ අපි යාළුවෝ එක්ක තරහා වුණා කියලා, ඒ තරහා අපේ හිත්වල මුල් බැසගෙන පැවතුණේ නෑ. ඊළඟට අපි ගත්තොත්, පුංචි කාලේ අපි ලැබෙන දෙයක් බෙදා හදාගෙන සතුටින් කෑවා බිව්වා මිසක්, අනුන්ගේ දේවල්වලට ඊර්ෂ්‍යා කරන ගතියක් අපේ හිත්වල තිබුණේ නෑ. වයසින් මෝරන්න මෝරන්න පොඩි කාලේ තිබුණු ඒ හිතට වැඩිය වෙනස් ස්වරූපයකට මේ හිත සකස් වෙනවා. වැඩිහිටියෝ වෙද්දී, පොඞ්ඩ එහා මෙහා වෙන්න බෑ. ඒක හිතේ පිහිටුවාගෙන ඊර්ෂ්‍යා කර කර නපුරුකමෙන් පන්න පන්න පළිගන්න ගතියක් මේ හිත්වල ඇතිවෙනවා. එහෙනම් අපට තේරෙනවා, වයසින් මෝරන්න මෝරන්න මේ හිත කිලුටු වෙන දේවල් වර්ධනය වෙවී ගිහින්, වයසට යද්දී බොහෝ දෙනෙකුට ඉතිරි වෙන්නේ පිරිහුණු හිතක්. රැස්වෙච්ච අකුසල් ගොඩක්. වචනය මුල් කරගෙන රැස් වෙච්ච අකුසක් ගොඩක්. කය මුල් කරගෙන රැස්වෙච්ච අකුසල් ගොඩක්, හිත මුල් කරගෙන රැස්වෙච්ච අකුසල් ගොඩක්.

ගලේ කෙටූ ඉරක් වැනි ද්වේෂය භයානකයි...

බොහෝ දෙනෙකුගේ හිතට තරහ ඇතිවුණාට පස්සෙ කරන්නේ, ඒ තරහා හිත තුළ පිහිටුවා ගන්නවා. සාමාන්‍යයෙන් තරහක් ඇතිවුණාට පස්සේ ඒ තරහ හිතේ පිහිටන්නේ නැත්නම්, දියේ ඇඳපු ඉරක් වගේ සැණින් අතුරුදහන් වෙලා යනවා නම්, අන්න ඒ කෙනාට ඉක්මනින් හිත දියුණු කරන්න පුළුවන්. හිතට තරහක් ඇති වුණාට පස්සේ, ඒ තරහා දවස් දෙක තුනක් යද්දී අමතක වෙලා යනවා නම්, ඒ කියන්නේ වැල්ලේ ඇඳපු ඉරක් වගේ නම්, ඒ කෙනාටත් උත්සාහයක්, වීරියක් ගත්තොත් හිත දියුණු කරන්න පුළුවන්. සමහරු ඉන්නවා තරහා

ඇතිවුණාට පස්සේ, ඒ තරහ හරියට ගලේ කොටපු ඉරක් වගේ. ඒක නැති කරගන්නේ නැතුව පවත්වනවා නම්, ඒ කෙනාට හිත දියුණු කිරීම පිණිස බලවත් මහන්සියකින්, උත්සාහයකින් වීරිය කළ යුතු වෙනවා.

ක්‍රෝධය අපට උරුම කළේ මෙච්චරයි...

දැන් ඔබ පොඩ්ඩක් හිතලා බලන්න... මේ ක්‍රෝධය නිසා අපි කොච්චර නම් නිරයේ උපදින්නට ඇද්ද? තිරිසන් අපායේ, නයි පොළොංගු වෙලා කොච්චර නම් උපදින්න ඇද්ද? මේ ක්‍රෝධය නිසා පෙරේත ලෝකයේ ඉපදිලා සෙම් සොටු කකා කොච්චර නම් දුක් විඳ විඳ ඉන්න ඇද්ද? බුදුරජාණන් වහන්සේ පෙන්නලා දීලා තියෙනවා, "මේ ක්‍රෝධය නිසාම මනුස්ස ලෝකයේ ඉපදුණත් ඉපදෙන්නේ විරූපී වෙලා" කියලා. තවත් කෙනෙකුට ප්‍රියමනාප නැති ස්වභාවයකින් තමයි උපදින්නේ. ඒ විතරක් නෙවෙයි, ක්‍රෝධ කරන අයට ඒකේ විපාක හැටියට උපනූපන් ආත්මවල තමන්ගේ ජීවිතයේ සතුට සැනසීම නැති වෙලා යනවා.

ක්‍රෝධයේ ආදීනව හතක්...

මේ සූත්‍ර දේශනාව ශ්‍රවණය කරලා අවසන් වෙන කොට ඔබට තේරෙයි, "බුදුරජාණන් වහන්සේ නම් ඒකාන්තයෙන්ම ක්‍රෝධය ප්‍රහාණය කරපු කෙනෙක්"ය කියලා. පින්වතුනි, ක්‍රෝධය ප්‍රහාණය නොකළ කෙනෙකුට නම් කවදාවත්ම මෙවැනි දේශනයක් කරන්න පුළුවන්කමක් නෑ. කෙලෙසුන්ගෙන් නිදහස් වෙච්ච පාරිශුද්ධ සිතක් ඇති කරගත්ත කෙනෙකුට තමයි, මේ විදිහට ක්‍රෝධයේ ආදීනව පෙන්වා දෙන්න පුළුවන්කම තියෙන්නේ.

බුදුරජාණන් වහන්සේ වදාළා, "යම්කිසි ස්ත්‍රියක් හෝ වේවා, පුරුෂයෙක් හෝ වේවා තරහ සිතක් ඇති කරගෙන ක්‍රෝධ කරනවා නම්, ඒ ක්‍රෝධ කිරීම මුල් කරගෙන පීඩාකාරී කරුණු හතක් ක්‍රෝධ කරන පුද්ගලයා කරාම පැමිණෙනවා" කියලා.

තරහ ගත්තොත් කැත වෙයි...

බුදුරජාණන් වහන්සේ විස්තර කරනවා, "ක්‍රෝධ කරන යම් ස්ත්‍රියක් හෝ වේවා පුරුෂයෙක් හෝ වේවා තමන්ගේ තරහකාරයෝ දිහා බලලා හිතනවා, "අනේ! මෙවුන් විරූපී වෙන්න ඕන" කියලා. මොකද හේතුව? මෙයා කැමති නෑ, තමන්ගේ තරහකාරයන් ලස්සනට ඉන්නවා දකින්න.

සමහරවිට තමන් අකමැති කෙනෙක් ලස්සනට ඇඳ පැළඳලා පාරේ යනවා දැක්කොත් මොකද කරන්නේ? එකපාරට "නොදකින්" කියලා ගස්සලා අහක බලා ගන්නවා. හයියෙන් කාරලා "තූ...!" කියලා කෙල ගහනවා. ඇයි එහෙම කරන්නේ? තමන්ගේ තරහකාරයෙක් ලස්සනට ඇඳ පැළඳලා ඉන්නවා දකින්න කැමති නෑ. ඒක බලා ඉන්න බෑ.

සෙන්ට් පවුඩර්වලින් ක්‍රෝධය වහන්න බෑ...

බුදුරජාණන් වහන්සේ වදාළා, "එබඳු ආකාරයට ක්‍රෝධ කරන කෙනෙක්, හොඳට වතුර නාලා, කොණ්ඩේ පීරලා, තෙල් ගාලා, හිසේ මල් ගවසාගෙන, ලස්සන වස්ත්‍රාභරණයෙන් සැරසිලා කොච්චර හැඩවැඩ දාලා ලස්සනට ඉන්න හැදුවත්, ක්‍රෝධ කිරීමේ විපාකයක් හැටියට එයාට ලස්සන වෙන්න බැහැ" කියලා. ක්‍රෝධයෙන් ඉන්න නිසා එයා ප්‍රිය මනාප කෙනෙක් හැටියට, ලස්සන

කෙනෙක් හැටියට සමාජයට පේන්නේ නෑ. මෙන්න මේක තමයි ක්‍රෝධ කරන පුද්ගලයාගේ ජීවිතයට අත්වෙන පළමුවෙනි ඉරණම.

වතුර වීදුරුවක්වන් හිතක් එපා...

දැන් අපට මේකෙන් තේරෙනවා, ක්‍රෝධය කියලා කියන්නේ පුංචි දෙයක් නෙවෙයි. චතුරාර්ය සත්‍යය අවබෝධ කරගෙන සංසාර දුකෙන් නිදහස් වෙන්න උත්සාහයක්, වීරියක් ගන්න කෙනෙකුට නම්, මේක මගහැරවා ගන්න පුළුවන්කම ලැබෙනවා. බුදුරජාණන් වහන්සේ උපමාවකින් දේශනා කරලා තියෙනවා, "චතුරාර්ය සත්‍යය අවබෝධ කරපු ආර්ය ශ්‍රාවකයාගේ හිත හරියට ගංගාවක් වගේ. ආර්ය සත්‍යය අවබෝධ නොකරපු මේ ධර්ම මාර්ගයට පැමිණිච්ච නැති පෘථග්ජන කෙනාගේ හිත හරියට වතුර වීදුරුවක් වගේ" කියලා. එක සමාන ලුණු කැට දෙකක් අරගෙන අර ගංගාවටයි, වතුර වීදුරුවටයි දැම්මොත් වතුර වීදුරුව ක්ෂණයෙන් ලුණු රසට හැරෙනවා. නමුත් ගංගාවට ඒක ගාණක්වත් නෑ. බුදුරජාණන් වහන්සේ වදාළා, "අන්න ඒ වගේ, පුංචි අකුසලයක් මුල්වෙලා පෘථග්ජන කෙනා අපායේ උපදින්න පුළුවන්. නමුත් ආර්ය සත්‍යය අවබෝධ කරපු කෙනා සතර සතිපට්ඨානයේ සිහිය පිහිටුවාගෙන සිටින නිසා, අකුසල් බලවත්වීමේ හැකියාව අඩුයි. එයා සිහිය පිහිටුවාගෙන අකුසලය ප්‍රහාණය කරනවා.

ක්‍රෝධයේ භයානකකම තේරුම් ගන්න...!

එක ආච්චි කෙනෙක් හිටියා. මේ ආච්චිගේ මුණුබුරෝ ටික එකතු වෙලා නිතර නිතර විහිළු කරන්න පටන්ගත්තා. යන එන කොට මේ ආච්චිගේ චීත්තෙන් අදිනවා. තරහ ඇවිස්සෙන ආකාරයේ විහිළු තහළු

කරනවා. මේ ආච්චිට මරණාසන්න මොහොතේ සිහිවුණේ අර මුණුබුරා චිත්තෙන් ඇඳපු එකයි. ආච්චි මැරිලා මාසෙන් මුණුබුරා සෙල්ලම් කර කර ඉන්නැද්දී අත කැඩුණා. දෙමාව්පියෝ එක්කරගෙන ගිහින් බෙහෙත් කරා, අත හදාගෙන ආවා විතරයි, ආයෙමත් වැටිලා එතැනින්ම කැඩුණා. මේ දෙමාපියෝ ඊළඟ සුමානෙත් අතට බෙහෙත් බැඳගෙන ඇවිල්ලා යන්තම් හොඳ වේගෙන එනකොට තුන්වෙනි වතාවෙත් එතැනින්ම කැඩුණා. ටික දවසක් යද්දී මේ මුණුබුරාගේ ඇඟට ආච්චි වැහෙන්න පටන් ගත්තා. බැලින්නම් අර චිත්තෙන් ඇඳපු එක හිතේ තියාගෙන ද්වේෂයෙන් මැරිලා, මළ යක්ෂණියක් වෙලා. "මේකා ඉන්නකම් මට වද දුන්නා. දැන් මම මූව මරලා බිල්ලට ගන්නවා" කිව්වා. දැන් දැක්කද ක්‍රෝධය හිතේ පිහිටුවා ගත්තට පස්සේ සිදුවෙන දේ. දැන් ඉන්නේ මුණුබුරයි, ආච්චියි නෙවෙයි. දැන් ඉන්නේ අර අහිංසක ළමයයි, මළ යක්ෂණියෙකුයි. ඒ නිසා පින්වතුනි, ක්‍රෝධය කියන එක ගින්දර වගේ භයානක දෙයක්. මේක අපි දුරින්ම දුරුකරලා දාන්නට ඕන.

අනුන්ගේ නින්දටත් අකුල් හෙලන අය...

ඊළඟට බුදුරජාණන් වහන්සේ වදාළා, "ක්‍රෝධ කරන යම් ස්ත්‍රියක් හෝ වේවා, පුරුෂයෙක් හෝ වේවා තමන්ගේ තරහකාරයෙක් ගැන මෙබඳු තරහ සිතක් ඇති කරගන්නවා, "මේකා නම් දුකසේමයි නිදියන්න ඕන. මූන්ට නම් සැපසේ නින්ද යන්නට එපා!" කියලා. මොකක්ද මේකට හේතුව? තමන් ක්‍රෝධ කරන අය, සැප සේ නිදාගන්නවා දකින්න කැමැති නැහැ. මොනවා හරි, ඔළුව ඇවිස්සෙන, නින්ද යන්නේ නැති දෙයක් හිතට දාලා පීඩාකාරී ස්වභාවයකට පත් කරන්නයි මෙයා කැමති වෙන්නේ.

අනුරුද්ධ මහරහතන් වහන්සේගේ නංගි කෙනෙක් හිටියා, මුළු ශරීරයේම කුෂ්ඨ හැදිච්ච. කොයිතරම් බෙහෙත් හේත් කළත් හොඳ වෙන්නේ නෑ. දවසක් අනුරුද්ධ මහරහතන් වහන්සේ නිකමට බැලුවා, තමන්ගේ නංගිට මොකක්ද මේ හැදිලා තියෙන රෝගය? මොකක්ද මේකට හේතුව?" කියලා. බලද්දි දැක්කා මේක කර්ම විපාකයකට හැදිච්ච ලෙඩක්.

ක්‍රෝධයක් ගිය දුරක්...

මෙයා එක්තරා ආත්මයක රජ කෙනෙක්ගේ බිසවක් වෙලා ඉපදිලා ඉන්දැද්දී, ඒ රජතුමාට හිටපු තවත් ලස්සන බිසවක් කෙරෙහි ඊර්ෂ්‍යාවෙන්, ඇය නිදාගන්න ඇඳේ හොරෙන්ම ගිහින් කහඹිලියා ගාලා එනවා. ඉතින් ඒ බිසව නිදාගන්න ගියාට පස්සේ මුළු ඇඟම කහ කහ ඇඳ වටේට පෙරලෙනවා. මෙයා මොකද කරන්නේ? හැංගිලා මේක දිහා බලාගෙන "හොඳ වැඩේ උඹට... හොඳ වැඩේ උඹට" කිය කියා හිනා වෙනවා. බලන්න එතකොට මෙයා කැමතිවෙලා තියෙන්නේ, තමන් ක්‍රෝධ කරන කෙනා සැපසේ නිදාගන්නවා දකින්න නෙවෙයි. දුක සේ නිදා ගන්නවා දකින්නයි. අන්න ඒ කර්මයේ විපාකයක් හැටියට තමයි, මේ ජීවිතයේදී ඇඟ පුරාම කුෂ්ඨයක් හැදිලා කොච්චර බෙහෙත් ගත්තත් හොඳ වෙන්නේ නැත්තේ.

අනුරුද්ධ මහරහතන් වහන්සේ මේ කර්මය ප්‍රහාණය වෙලා යන්න හොඳ විසඳුමක් තමන්ගේ නංගිට කිව්වා. ඒ තමයි තමන් ළඟ තියෙන කණකර ආභරණ ඔක්කොම විකුණලා ඒ සල්ලිවලින් කුටියක් හදලා බුදුරජාණන් වහන්සේ ප්‍රමුඛ මහා සංඝරත්නයට පූජා කරන්න කියලා. අන්න ඒකෙන් පස්සේ තමයි, ඒ කුෂ්ඨ රෝගය

සම්පූර්ණයෙන්ම නැතිවෙලා සාමාන්‍ය තත්වයට පත්වුණේ. දැන් බලන්න... මේ ක්‍රෝධය කියන දේ සංසාරයේ විපාක දිදී කොයිතරම් පස්සෙන් පන්නවාද කියලා.

සැප නින්දට කැමති ඔබ...

ඉතින් බුදුරජාණන් වහන්සේ වදාළා, "මහණෙනි, මේ විදිහට තමන් තරහා පුද්ගලයෙක් සැපසේ නිදා ගන්නවට අකමැතිව ක්‍රෝධයට යටවූ සිතෙන් වාසය කරන එබඳු පුද්ගලයෙක් කොයිතරම් සැප පහසු, කපු පුළුන් ඇතිරූ කොට්ට මෙට්ට ඇති යහනාවක සිනිඳු පලස් අතුරලා සැපසේ නිදාගන්න උත්සාහ කළත්, ක්‍රෝධ කිරීමේ විපාක හැටියට ඔහුට සැප නින්දක් ලැබෙන්නේ නැහැ" කියලා. නිදාගන්න ලෑස්ති වුණාට පස්සේ හිතට තරහා එනවා. හිතින් බැන බැන, තරහින් පුපුර පුපුරා නිදාගන්න හැදුවට නින්ද යන්නේ නැහැ.

හොඳට බලන්න... ඔබට එහෙම වෙලා නැද්ද කියලා? හිතට තරහා ආවට පස්සේ අපි කාටත් එහෙම වෙලා තියෙනවා. අන්න බලන්න එතකොට අපේ හිතේම ඇතිවෙන ක්‍රෝධය අපට සැනසීමේ නිදාගන්න තියෙන අවස්ථාව නැතිකරලා දානවා. අපි කොහොමහරි උත්සාහයෙන්, වීරියෙන් යුතුව මේ තරහ ප්‍රහාණය කරන්නට ඕනේ.

කියතින් කැපුවත් තරහා සිතක් නම් එපා!...

තරහ නැති කරගන්න ලස්සන උපමාවක් බුදුරජාණන් වහන්සේ දේශනා කරලා තියෙනවා. උන්වහන්සේ වදාළා, "හොරු කට්ටියක් ඇවිල්ලා තමන්ව අල්ලගෙන මුණින් හිටවලා, කියතකින් අතපය කපද්දි පවා තරහ සිතක් ඇති

කරගන්නේ නැතිව ඉන්න පුලුවන් නම්" අන්න ඒක තමයි කියනවා වටිනාම දෙය.

ක්‍රෝධය විවිධ ස්වරූපයෙන් ප්‍රකට වෙනවා...

ඊළඟට බුදුරජාණන් වහන්සේ දේශනා කළා, "ක්‍රෝධ කරන ස්ත්‍රියක් හරි, පුරුෂයෙක් හරි තමන්ගේ තරහකාරයන් ගැන මෙබඳු සිතක් ඇති කරගන්නවා. "මේකුන්ට නම් දන උගත්කමක් ඇතිවෙන්න එපා!" කියලා. ඉතින් තමන්ගේ තරහකාරයන් ඉගෙනගෙන සමාජයේ දනඋගත් අය හැටියට ඉදිරියට යනවා දකින්න කැමති නෑ." ඒ වගේම පින්වතුනි, සමහර ගුරුවරු ඉන්නවා තමන්ගේ පන්තියේ ළමයි ඉගෙන ගන්නවාට කැමැති නැති. ඒ නිසාම ඒ ගුරුවරු ළමයින්ට හරියට උගන්වන්නේ නෑ.

සමහරු ඉන්නවා තමන්ගේම සහෝදර සහෝදරියන්ගේ දරුවෝ හොඳට ඉගෙන ගන්නවාට කැමැති නැති. ඒ අය තමන්ගේ ඥාතීන්ගේ දූ දරුවන්ගේ ඉගෙනීමේ කටයුතුවලට පුළුවන් තරම් බාධා කරනවා. මට සමහර දරුවෝ තමන් විඳින දුක් පීඩා ගැන කියලා අඬ අඬා ලියුම් එවලා තියෙනවා. "අනේ, ස්වාමීනී මම මේ ලොකු අම්මගේ ගෙදර නැවතිලයි ඉස්කෝලේ යන්නේ. මට හරියට පාඩම් කරන්නවත් දෙන්නේ නෑ. පාඩම් කර කර ඉද්දී ඇවිල්ලා ලයිට් නිවනවා. මම ඉගෙනගන්න පුදුම දුකක් විඳින්නේ" කියලා.

ඇයි මෙහෙම වෙන්නේ...?

මේ වගේ දේවල් වෙන්න හේතු තියෙනවා. එක හේතුවක් තමයි ඊර්ෂ්‍යාව. ඊළඟ එක තමන්ගේ අදහසට අනික් අය එකඟ නොවීම. තවත් සමහර අය තමන්ගේ අදහසට එකඟ නොවෙන මත දරණ අය එක්ක හිතවත්

අය සමඟත් තරහා ඇති කරගන්නවා. ඉතින් මේ වගේ නොයෙක් ආකාරයට මිනිස්සු තරහා ඇති කරගන්නවා. සමහරු තරහා ගන්න කරුණු හොය හොයා ඉන්නවා. ඒ වගේ අයට අපි කියන්නේ "අඬන්න බලාගෙන ඉන්න කෙනාගේ ඇහැට ඇඟිල්ලෙන් ඇන්නා වගේ" කියලයි. ඒ වගේ අය කේන්ති ගන්න කරුණක් එනකල් බලාගෙන ඉන්නවා.

වැරදි දේ අල්ලන හරි දේ අත්හරින අය...

එහෙනම් බලන්න... මේ හිත කියන්නේ කොයිතරම් පිරිහී යන දෙයක්ද? මේ විදිහට අනුන්ට ඊර්ෂ්‍යා කර කර, අනුන් දියුණු වෙනවට අකමැත්තෙන්, හිතේ තරහ පැලපදියම් කරගෙන ඉන්න අයට සිද්ධ වෙන දේ බුදුරජාණන් වහන්සේ විස්තර කරන්නේ මෙන්න මෙහෙමයි. **(අනත්ථම්පි ගහෙත්වා අත්ථෝ මේ ගහිතෝති මඤ්ඤති)** වැරදි දේ අල්ලගෙන "මම හරි දේ අල්ලගත්තා" කියලා හිතා ගන්නවා. හරි දේ අල්ලගෙන "මට වැරදුණා" කියලා අතහරිනවා. එතකොට හැමතිස්සෙම එයාට අහුවෙන්නේ වැරදි දේමයි, වැරදි මතයක්මයි. වැරදි දැනුමක්මයි.

ක්‍රෝධය දුරින්ම දුරුකළ යුතුයි...

බුදුරජාණන් වහන්සේ වදාළා, **(තස්සිමේ ධම්මා අඤ්ඤමඤ්ඤං විපච්චනිකා ගහිතා දීඝරත්තං අහිතාය දුක්ඛාය සංවත්තන්ති කෝධාභි භූතස්ස)** "මේ ක්‍රෝධයෙන් මැඬුණු හිතක් ඇති තැනැත්තා, එකිනෙකට ප්‍රතිවිරුද්ධ දේවල්, එකිනෙකට ගැලපෙන දේවල් කියලා හිතාගෙන අල්ලා ගන්නවා. හරි දේ කියලා හිතාගෙන වැරදි දේ ගන්නවා. හොඳ කියලා හිතාගෙන නරක දේ ගන්නවා.

යහපත කියලා හිතාගෙන අයහපත ළං කරගන්නවා." බුදුරජාණන් වහන්සේ වදාළා, "ස්ත්‍රියක් වේවා, පුරුෂයෙක් වේවා ක්‍රෝධ චිත්තයක් පුරුදු කළොත්, මේ විදිහට ධර්මය අධර්මය වෙන්කරලා බලන්න පුළුවන් ශක්තිය නැතිවෙලා යනවා" කියලා. එනිසා ක්‍රෝධය කියන්නේ දුරින්ම දුරුකර දැමිය යුතු දෙයක්.

අනේ මුන්ට නම් හරි යන්න එපා...!

ඊළඟට බුදුරජාණන් වහන්සේ දේශනා කරනවා, තරහකාරයෙකුට තමන් තරහා වුණ පුද්ගලයා ගැන මෙන්න මෙහෙම හිතෙනවා. "අනේ! මේ තැනැත්තාට හරියන්න නම් එපා" එතකොට තරහාවෙච්ච පුද්ගලයා ඉඩමක් හරි, වාහනයක් හරි ගත්තොත් අර තරහකාරයාට වෛරයක් හටගන්නවා. ඒ වගේම, ලස්සනට ගෙයක් දොරක් හදාගත්තොත්, ඒ ගේ දිහා බල බලා තරහෙන් පුපුර පුපුරා ඉන්නවා. මේ වගේ දේවල් ඇතිවෙන්නෙත් ක්‍රෝධයෙන්.

දැන් බලන්න මිනිස්සුන්ගේ සිත්වල වැඩිපුර ඇතිවෙන්නේ මේ වගේ සිතුවිලි නේද? එතකොට හිතලා බලන්න, ජීවත්වෙන මිනිස්සුන්ගෙන් මැරුණට පස්සේ බොහෝ දෙනෙක් සුගතියේ යයිද, දුගතියේ යයිද? පැහැදිලිවම පේනවා, බොහෝ දෙනෙක් මැරිලා යන්නේ එක්කෝ තිරිසන් අපායට. එහෙම නැත්නම් ප්‍රේත ලෝකයට. එහෙමත් නැතිනම් නිරයට. ඒකට හේතුව තමයි, ද්වේෂයක් ඇතිවුණාට පස්සේ, ඒක අකුසලයක් බව දැනගෙන ඒ උපන් අකුසලය ප්‍රහාණය කිරීමට වීරියක් නැතිකම. සමහරු ඉන්නවා, මේ දේ අකුසලයක් කියලාවත් හඳුනාගන්න තරම් මොළයක් නැති.

දරුවන්ගේ දියුණුවට අකුල් හෙලන දෙමව්පියෝ...

මේ හේතුව නිසාම, අපි දන්නවා සමහර දරුවෝ දියුණු වෙනවා දකින්න සමහර දෙමව්පියෝ කැමති නෑ. සමහර අම්මලා දරුවන්ට කොඩිවින කරනවා. එහෙම තැන් ගැන අපි දන්නවා. සමහර දරුවන්ගේ පවුල් කඩාකප්පල් කරන්නේ අම්මලා මැදිහත් වෙලා. සමහර තැන්වල පියා තමයි පවුල් කඩාකප්පල් කරන්නේ. එහෙම කරවලා සතුටු වෙනවා. ඒක තමයි ක්‍රෝධයේ ලක්ෂණය. කරුණාව තියෙන දෙමව්පියෝ නම් කරන්නේ පවුල් කැඩෙන්න යනවා නම් ඒවා ආරක්ෂා කරලා දෙනවා. දරුවන්ගේ ඥාතීන්ගේ දියුණුවට පවා අනුග්‍රහ කරනවා. අන්න ඒක තමයි දරුවන්ට ආදරය කරන දෙමව්පියන්ගේ ලක්ෂණය.

කොච්චර හම්බ කළත් දියුණුවක් නැත්තේ ඇයි?...

ඊළඟට බුදුරජාණන් වහන්සේ පෙන්වලා දෙනවා, "ක්‍රෝධ කරන යම්කිසි ස්ත්‍රියක් හෝ පුරුෂයෙක් හෝ ඉන්නවා. ඒ කෙනා තමන්ගේ තරහකාරයෙක් ලස්සනට ඇඳලා පැළඳලා ලස්සනට ඉන්නවා දකින්න කැමති නැහැ. ඒවා පේනකොට ඇස්වල කටු අනිනවා වගෙයි." බුදුරජාණන් වහන්සේ වදාළා, "මේ විදිහට ක්‍රෝධයෙන් බරිත වෙලා, අනුන්ගේ සැප දකින්න කැමති නැති කෙනෙක් ලස්සනට ඉන්න කියලා හිතාගෙන, කොච්චර හම්බ කළත්, ඒ ගොල්ලන්ගේ දේපල නැති නාස්ති වෙලා යනවා" කියලා. එතකොට බලන්න මේ මිනිස්සු

පිරිහෙන්නේ කෙලෙස් නිසාමයි. ඒ නිසා ඔබ මේක හොඳට මතක තියාගන්න ඕනේ. බුදුරජාණන් වහන්සේ දේශනා කරලා තියෙනවා, "සත්වයා පිරිහෙන්නේ සිත පිරිහීමෙන්" කියලා. එහෙමනම් සත්වයා පිරිසිදු වෙන්නෙත් සිත පිරිසිදු වීමෙන්.

දියුණුව මනින්නේ ගුණධර්ම වලින්...

එහෙම නම් අපට පේනවා, කෙනෙක්ගේ දියුණුව මනින්න තියෙන්නේ, ඒ කෙනා ගමන් කරන වාහනෙන් නෙමෙයි. කෙනෙකුගේ දියුණුව මනින්නේ, එයා විසිකරන සල්ලිවලින් නෙමෙයි. කෙනෙකුගේ දියුණුව මනින්නේ, එයාගේ රූපයෙන් නෙමෙයි. කෙනෙකුගේ දියුණුව මනින්නේ, එයාගේ කටහඬින් නෙමෙයි. කෙනෙකුගේ දියුණුව මනින්නේ, එයාගේ ශරීර ශක්තියෙන් නෙමෙයි. කෙනෙකුගේ දියුණුව මනින්නේ, ඒ කෙනා ජීවිතය තුළ ගොඩනගාගෙන තියෙන ගුණධර්ම වලින්. අන්න ඒ නිසා තමයි, බුදුරජාණන් වහන්සේගේ ධර්මය ලෝකයේ අනිත් හැමදේකින්ම වෙනස් වෙන්නේ. ඒ ධර්මය මනුස්ස ගුණධර්මවලට මුල් තැන දීපු, ගුණධර්ම වලින් මිනිසුන්ගේ දියුණුව මනින ධර්මයක්.

දැන් බලන්න ක්‍රෝධ කරන පුද්ගලයා තමන්ගේ සිතේ ඇති වෙන ක්‍රෝධය නිසාම, පිරිහිලා යන ආකාරය. තමන්ට කොච්චර සැප සම්පත් ලැබුණත් ඒවා පරිහරණය කරන්න හිත නැමෙන්නේ නෑ. ක්‍රෝධයේ විපාක හැටියට හරිහම්බ කරන දේවල් ඔක්කොම විනාශ වෙලා යනවා. එහෙම නැත්නම් වෙන කෙනෙකුට අයිති වෙනවා. කොච්චර හරිහම්බ කළත් සතුටින් ඉන්න පුළුවන්කමක් ලැබෙන්නේ නෑ. ක්‍රෝධ කරන පුද්ගලයාට අත්වෙන

හතරවෙනි විපාකය හැටියට බුදුරජාණන් වහන්සේ පෙන්වා දුන්නේ මේ කාරණයයි.

නින්දා අපහාස කරලා කීර්ති ප්‍රශංසා ලබා ගන්න බෑ...

ඊළඟට බුදුරජාණන් වහන්සේ පෙන්වලා දුන්නා, "ක්‍රෝධ කරන යම්කිසි ස්ත්‍රියක් හෝ පුරුෂයෙක්, තමන්ගේ තරහකාරයා දිහා බලලා කැමති වෙනවා, "මේකුන්ට නම් කීර්ති ප්‍රශංසාවක් නම් කවදාවත් ලැබෙන්න එපා" කියලා. එයා කැමති තමන්ගේ තරහකාරයන් නින්දාවට, අපහාසයට ලක්වෙනවා දකින්නයි. මෙන්න මේක තමයි, ක්‍රෝධයෙන් යටවෙච්ච, ක්‍රෝධයෙන් මඬිනා ලද සිත් ඇති, ක්‍රෝධය වළඳන පුද්ගලයාගේ සිතේ ලක්ෂණය. තමන් ක්‍රෝධ කරන කෙනෙක් ගැන කීර්තිරාවයක් පැතිරුණොත්, ඒක එයාට උහුලන්න බෑ.

කවුරුහරි කෙනෙකුගේ හොඳ කියාගෙන ගියොත් "හා... හා... ඇති ඇති. උන්ගේ කැරැට්ටුව මමනේ දන්නේ... ආ.. මේ ටිකත් අහගනින්කෝ එහෙනම්..." කියලා එයා ගැන කලකිරෙන ආකාරයේ කතාවක් එතැනට ඇදලා ගන්නවා. සමහරවිට සම්පූර්ණයෙන්ම බොරුවක් කියලා, අරයා ගැන කලකිරීමක් ඇති කරවනවා. ඒක තමයි ක්‍රෝධයේ ලක්ෂණ. බුදුරජාණන් වහන්සේ වදාළා, "මේ ආකාරයට ක්‍රෝධ කරන පුද්ගලයාට ක්‍රෝධයේ විපාකයක් හැටියට, තමන් ගැන යම්කිසි කීර්තියක් හෝ ප්‍රශංසාවක් ගොඩනැගිලා තිබුණා නම්, ඒ ඔක්කොම නැතිවෙලා තමන් ගැන අපකීර්තියක් සමාජයේ පැතිරිලා යනවා" කියලා. ඔන්න බලන්න ක්‍රෝධ කරන්න ගියාම වෙන දේ.

තරහාකාරයා තනිවෙනවා දකින්නයි කැමති...

ඊළඟට හයවෙනි කරුණ හැටියට බුදුරජාණන් වහන්සේ පෙන්වා දෙනවා, ක්‍රෝධ කරන යම්කිසි ස්ත්‍රියක් හෝ වේවා, පුරුෂයෙක් වේවා තමන්ගේ තරහකාරයන් ගැන මෙහෙම හිතනවා, "කාත් කවුරුවත් නැතුව මේකුන් තනිවෙන්න ඕනේ" කියලා. ඊළඟට කවුරුහරි එක්ක කතා කර කර ඉන්න ගමන් තමන්ගේ තරහකාරයෝ ගැන සිහිකරලා කියනවා, "ඔන්න බලන්න මං මේ කියන දේ බොරු නම්, අර අසවල් එවුන්ට වතුර පොදක්වත් දෙන්න කවුරුත් ඉතුරුවෙන්නේ නෑ. ඔවුන්ට කාත් කවුරුවත් නැතිව තමයි මැරෙන්න වෙන්නේ" කියලා. මෙහෙම කියන අය නැද්ද? ඕනෑතරම් ඉන්නවා. "ඔන්න බලාපල්ලා මං මේ කියන දේ. මං නොකිව්වයි කියන්න එපා..." කිය කියා තමන්ගේ තරහකාරයෝ ගැන ක්‍රෝධයෙන් අනාවැකි පළකර කර ඉන්න අය ඉන්නවා. මේ විදිහට අනාවැකි පළකරන්නේ, එහෙම වෙනවා දකින්න කැමති නිසයි. ක්‍රෝධයෙන් බරිත වෙලා, ක්‍රෝධයට යටවෙච්ච සිතින් යුතුවයි ඒ කෙනා, තමන්ගේ තරහකාරයන් කාත් කවුරුවත් නැතුව තනි වෙනවා දකින්න කැමති වෙන්නේ.

අනුන්ට කැපූ වලේ තමන්ම වැටෙනවා...

බුදුරජාණන් වහන්සේ වදාළා, "ක්‍රෝධයේ විපාකයක් හැටියට, ක්‍රෝධ කරන කෙනාවම කාත් කවුරුවත් නැතුව තනිවෙලා යනවා" කියලා. එයා කැමති වෙන්නේ තමන්ගේ තරහකාරයන් කාත් කවුරුවත් නැතුව තනිවෙනවා දකින්නයි. නමුත් අන්තිමට සිද්ධ වෙන්නේ කාත් කවුරුවත් නැතුව තමන්ම තනිවෙලා යන එකයි. දැන් මේ කරුණුවලින් අපට ඉතාමත්ම පැහැදිලිව පේනවා,

ක්‍රෝධයෙන් යටවෙලා අනුන්ගේ පිරිහීම කැමති වෙනවා නම්, අනුන්ගේ විනාශය ගැන කැමති වෙනවා නම්, "ඕකුන්ට මෙහෙම වේවා... ඕකුන්ට මෙහෙම වෙන්න ඕනෑ... ඔන්න බලාපල්ලා" අනාවැකි කියමින් ක්‍රෝධයෙන් ඉන්නවා නම්, ඉස්සරවෙලාම පිරිහිලා යන්නේ ඒ කෙනාමයි. අනුන්ගේ පිරිහීම පතන්න ගියොත් ක්‍රෝධය නිසා තමන්මයි පිරිහිලා යන්නේ. ඒ නිසා ක්‍රෝධය කියන එක අපි දුරින්ම දුරුකරලා දාන්න ඕනේ.

අනුන්ට අපාය පතලා.. තමන්ට සුගතිගාමී වෙන්න බෑ...

ඊළඟට බුදුරජාණන් වහන්සේ වදාළා, "ක්‍රෝධ කරන යම්කිසි ස්ත්‍රියක් හෝ පුරුෂයෙක් තමන්ගේ තරහාකාරයන් දිහා බලලා ක්‍රෝධයෙන් යුතුව මේ විදිහට හිතනවා. "මේකුන් නම් මැරිලා අපායේමයි යන්න ඕනේ. මේකුන් මරණින් මත්තේ සුගතියක නම් ඉපදෙන්න එපා" කියලා. තරහාකාරයන් දිහා බල බලා මෙහෙම කියන අය ඕනෑතරම් ඉන්නවා.

හැබැයි කෙනෙක් මෙහෙම කියන්න පුලුවන්. "මේ කෙනා මේ මේ විදිහේ ජීවිතයක් ගත කරනවා. හැබැයි ඔය වැඩේ දිගටම කරගෙන ගියොත් නම්, ඒකේ විපාක හැටියට නිරයේ උපදිනවා. ඕකෙන් ගැලවුණොත් නම්, සුගතියක උපදින්න පුලුවන්" කියලා. ඒක තරහකින් කියන දෙයක් නෙමෙයි. බුදුරජාණන් වහන්සේ පවා සිත, කය, වචනය මුල් කරගෙන දුසිරිතේ හැසිරෙන අය දිහා බලලා, "මෙයා මේ ජීවිතේ දිගටම ගතකළොත් නම් අපායේ තමයි උපදින්නේ. මේක අත්හැරියොත් සුගතියේ උපදින්න පුලුවන්" කියලා

දේශනා කරලා තියෙනවා. නමුත් මෙතැන කියන්නේ ඒක නෙවෙයි. මෙතැනදී බුදුරජාණන් වහන්සේ විස්තර කරලා තියෙන්නේ, යම්කිසි කෙනෙක් ක්‍රෝධයට යටවෙච්ච සිතින් යුතුව, තමන්ගේ තරහාකාරයන් අපායේ උපදිනවා දකින්න කැමති වෙනවා. තමන්ගේ තරහාකාරයන් යහපත් ජීවිත ගත කරලා සුගතියේ උපදිනවා දකින්න කැමති නෑ. ඒ නිසා ක්‍රෝධයෙන් යුතුවයි, තරහාකාරයන් ගැන සිහිකර කර "මුන් නම් සුගතියක යන්න එපා. මුන් නම් අපායකමයි යන්න ඕනේ" කියලා ක්‍රෝධයෙන් යදින්නේ.

ඇතිවූ සැණින් දුරුකරන්න...

බුදුරජාණන් වහන්සේ වදාළා, "ක්‍රෝධයට යටවෙලා මේ ආකාරයට තමන්ගේ තරහාකාරයන් ගැන හිතන කෙනාම, ක්‍රෝධයෙන් යුතුව වචන කතාකරලා පව් රැස්කරගන්නවා. ක්‍රෝධයෙන් යුතුව තරහාකාරයන් ගැන මේ විදහට හිතලා පව් රැස්කරගන්නවා. ක්‍රෝධයෙන් යුතුව කයින් ක්‍රියා කරලා පව් රැස්කරගන්නවා. ඒ නිසා කය බිඳී මරණින් මත්තේ ක්‍රෝධ කරන පුද්ගලයාම නිරයේ යනවා" කියලා. දැන් බලන්න මේ ක්‍රෝධයේ විපාක කොයිතරම් භයානකද කියලා. ඒ නිසා අපේ සිත් තුළ ක්‍රෝධය ඇතිවූ සැණින් ඒ ක්‍රෝධසිත දුරුකරන්න අපි මහන්සි ගන්න ඕනේ. ක්‍රෝධයට ඉඩදීලා අපේ හිත තුළ ක්‍රෝධයම පෝෂණය කරන්න ගියොත්, අපටත් මරණින් මත්තේ නිරයේ උපතක් කරා යන්න සිදුවෙනවා. ඒ නිසා මේ ක්‍රෝධය කියන එක කොයිතරම් භයානක අනතුරු සහගත දෙයක්ද කියලා අපි නිතර නිතර සිහි කරන්න ඕනේ.

මුලු ජීවිතයම විනාශ වෙන්න චූටි දෙයක් ඇති...

අපි හිතමු සමහරවිට ඔබේ සිත තුළ කිසිම කෙනෙක් ගැන ක්‍රෝධයක් නැහැ. නමුත් බාහිර කෙනෙක් ඇවිල්ලා ඔබට තවත් කෙනෙක්ගේ නුගුණ කියලා කියලා ඒ කෙනා කෙරෙහි ඔබගේ සිත තුළ ක්‍රෝධය ඇතිකරනවා. මෙහෙම වෙන්න බැරිද? මේ වගේ දේවල් ඕනෑතරම් සිද්ධ වෙනවා. ඊට පස්සේ එකිනෙකා ක්‍රෝධයෙන් බරවෙලා ගින්දර හුවමාරු කරගන්නවා. ක්‍රෝධය හිතේ තියාගෙන, ක්‍රෝධයෙන් පිච්චි පිච්චි ජීවත් වෙනවා. ක්‍රෝධ කිරීම නිසා සමහරු මුළු ජීවිත කාලයම දුක් විඳිනවා. මිනී මරාගෙන පවුල් පිටින් විනාශවෙලා යනවා. ක්‍රෝධය මුල් කරගෙන අඬදබර හදාගන්න, සමහර කෙනෙකුට මහ ලොකු දෙයක් ඕනේ නැහැ. පුංචි සිදුවීමක් හොඳටම ප්‍රමාණවත්.

වතුර ටිකක ප්‍රශ්නය ගිය දුර...

බුදුරජාණන් වහන්සේගේ කාලේ කොසඹෑ නුවර වැඩසිටියා ඉතාමත් සිල්වත් ස්වාමීන් වහන්සේලා. නමුත් සමහර ස්වාමීන් වහන්සේලා සතිපට්ඨානය තුළ සිහිය පිහිටුවාගෙන ඉඳලා නෑ. ඉතින් ඒ සිල්වත් ස්වාමීන් වහන්සේලා අතර හිටපු එක්තරා ස්වාමීන් වහන්සේ නමක්, දවසක් වැසිකිළියට ගිහිල්ලා වතුර පාවිච්චි කරලා එළියට වැඩියා. හැබැයි පාවිච්චි කරපු වතුර භාජනයේ වතුර චුට්ටක් ඉතුරුවෙලා තිබුණා. මේක අනිත් පැත්ත හරවන්න අමතක වුණා. ඊට ටික වෙලාවකට පස්සේ තවත් ස්වාමීන් වහන්සේ නමක් ඒ වැසිකිළියට වැඩියා. වතුර භාජනයේ වතුර ටිකක් ඉතුරුවෙලා තියෙනවා දැක්කා. ඒ වතුර ටික අනිත් පැත්ත හලලා දැම්මා නම්

ඉවරයිනේ. නමුත් මෙයා මේක මහා බරපතල දෙයක් හැටියට දකලා ඇවිදින් ඇහුවා, "අර භාජනයේ වතුර ඉතුරු කළේ කවුද?" කියලා. අර හාමුදුරුවෝ ඉදිරිපත් වෙලා කිව්වා, "මම අතිනුයි ඒක වුණේ. මම ඒ වෙලාවේ වෙන කල්පනාවක හිටියේ. මං ඒ ගැන එච්චර හිතුවේ නැහැ. ඒක හිතලා කරපු දෙයක් නෙමෙයි" කියලා. නමුත් මේ ස්වාමීන් වහන්සේ මේක මහා ලොකු දෙයක් හැටියට අරගෙන, "නෑ... නෑ... ඔබවහන්සේගෙන් වැරැද්දක් වෙලා තියෙනවා. ඔබවහන්සේ ඇවැත දෙසා ගන්න" කියලා කිව්වා. මේ ගැන කතාබහ දිගින් දිගටම ගිහින් බහින් බස් වීමක් සිදුවුණා. මේකෙන් පස්සේ අර ස්වාමීන් වහන්සේ තමන්ගේ ගෝල පිරිසට ගිහින් කිව්වා, "හරි කතාවක්නේ කියන්නේ. වතුර ටිකක් ඉතුරු වුණා කියලා මගේ ඇඟට ගොඩ වෙන්න එනවා. මං ඒක හිතලා කරපු දෙයක් නෙමෙයි. ඒක එච්චර බරපතල දෙයක් නෙමෙයි. ඕක මොකක්ද?" කියලා. ගෝල පිරිසටත් කේන්ති ගියා. ගිහින් අර ස්වාමීන් වහන්සේට ඔක්කෝම එකතුවෙලා බැන්නා.

අසත්පුරුෂයා උපදින්නේ කටේ කෙටේරියකුත් අරගෙන...

බලන්න මේ ක්‍රෝධය නිසා ප්‍රශ්න දුරදිග යන ආකාරය. ප්‍රශ්නය ඇතිවුණේ වැසිකිලි බාල්දියේ වතුර බින්දු කිහිපයක් තිබීම නිසයි. මේක දුර දිග ගිහින් කොසඹෑ නුවර ඒ ආරාමයේ හිටපු ස්වාමීන් වහන්සේලා දෙකට බෙදුණා. දෙකට බෙදිලා දකින දකින තැන ඔවුනොවුන්ට බනින මට්ටමට මේ ප්‍රශ්නය දුරදිග ගියා. බලන්න සතිපට්ඨානයෙන් තොරව සිටීම නිසා, පුංචි ප්‍රශ්නයක් මුල් කරගෙන මේ සිතේ කෙලෙස් වර්ධනය වෙලා කොයිතරම්

දුරදිග ගියාද කියලා. අන්තිමට බුදුරජාණන් වහන්සේ මේ ස්වාමීන් වහන්සේලා ඔක්කෝම කැඳවලා දීඝිති කෝසල ජාතකය දේශනා කළා, "මහණෙනි, ළඟ බලන්න එපා, දුර බලන්න. ක්‍රෝධය දුරින්ම දුරුකරල දාන්න" කියලා. නමුත් මේ ස්වාමීන් වහන්සේලා මේක පිළිගන්න ලෑස්තිවුණේ නෑ. එක කටකාර හාමුදුරුනමක් බුදුරජාණන් වහන්සේ ළඟට ඇවිල්ලා කියා සිටියා, "භාග්‍යවතුන් වහන්ස, මේ කෝළාහලය නිසා තමයි, අපේ නම් ගම් මේ මිනිස්සු දැනගත්තේ. මේකෙන් අපි හොඳට ප්‍රසිද්ධ වුණා. ඒ නිසා මේ පිරිස මේ කෝළාහලය තවදුරටත් කරගෙන යයි. භාග්‍යවතුන් වහන්සේ දැන් විවේකයෙන් වැඩඉන්න" කියලා. ඒ වෙලේ බුදුරජාණන් වහන්සේ, "අසත්පුරුෂයා ඉපදෙන කොටම කටේ කෙටේරියකුත් අරගෙන ඉපදෙනවා. ඒකෙන්මයි ඔහු විනාශය කරා යන්නේ" කියලා ලස්සන ගාථාවක් දේශනා කරලා, පාත්තරේ අරගෙන එළියට බැහැලා පාරිලෙය්‍යය වනය කරා වැඩියා.

සොඳුරු හුදෙකලාවට සත්තුත් ප්‍රිය කළා...

ඒ වනාන්තරයේ හිටපු පාරිලෙය්‍යය හස්ති රාජයා ඇතුළු සතුන් තමයි, ඒ කාලේ බුදුරජාණන් වහන්සේට උපස්ථාන කළේ. ඒ පාරිලෙය්‍යය ඇතා පවා තනිව සිටීමේ වටිනාකම ඉහළින් අගය කරපු කෙනෙක්. රැලේ ඉන්නකොට අනිත් ඇත්තු ඇවිල්ලා ඇඟේ හැප්පෙනවා. වැවක නාලා ගොඩට එනකොට ඇතින්නියෝ ඇවිල්ලා හැප්පිලා මේ ඇතාව ආයෙමත් වැවට දානවා. ඒ නිසා මේ ඇතා කල්පනා කළා "හොඳම දේ තමයි, රැලෙන් වෙන් වෙලා තනිවම ඉන්න එක" කියලා. බුදුරජාණන් වහන්සේ එදා භික්ෂූන් වහන්සේලාගෙන් වෙන්වෙලා වනාන්තරයේ ඉන්දැද්දී මේ ඇතා තමයි ඇවිල්ලා උපස්ථාන කළේ.

බුදුරජාණන් වහන්සේ මේ ඇතාගේ සිතේ ඇතිවෙලා තිබුණු රැලෙන් වෙන්වීමේ අදහස දැක්කා "මේ ඇතත් මං වගේම හුදෙකලා වාසයේ වටිනාකම අගය කරන ඇතෙක්."

සමඟි නොවුණොත් දානේ නැත...

ඉතින් ඝෝෂිතාරාමයේ වැඩහිටපු ස්වාමීන් වහන්සේලා දෙපිරිසකට බෙදිලා ඒ කෝළාහලය තවදුරටත් ඉදිරියට කරගෙන යද්දී ඒ අයට දන් පැන් දෙන, සතර සතිපට්ඨානය වඩන, ධර්මයේ හැසිරෙන දායකයන් කල්පනා කළා, "මේ වැඩේ හරියන්නේ නෑ. මේ ස්වාමීන් වහන්සේලා රණ්ඩු වෙවී ඉන්න එක නවත්වන පාටක් පෙන්නේ නැහැ. බුදුරජාණන් වහන්සේ පවා මේ අයව අතහැර දාලා ගිහින් තියෙන්නේ. මේ ඇත්තන්ට හොඳ පාඩමක් උගන්නන්න ඕනේ" කියලා. ඊට පස්සේ මේ දායකයෝ ඔක්කොම කතාවෙලා, ස්වාමීන් වහන්සේලා කොච්චර හිතවත් වුණත් ඒ අයගේ පැත්ත ගන්නේ නැතුව, ධර්මයේ පැත්ත ගත්තා. අරගෙන ගමම එකතු වෙලා කිව්වා, "අදින් පස්සේ මේ ගමෙන් ඔබවහන්සේලාට පිණ්ඩපාතේ ලැබෙන්නේ නැත. ඔබවහන්සේලා සමඟිවෙලා බුදුරජාණන් වහන්සේ ළඟට ගිහින් උන්වහන්සේගෙන් සමාව අරගෙන ආපහු වඩින්න. එහෙම ආවොත් විතරක් පිණ්ඩපාතේ ඇත" කියලා. දවසක් දෙකක් හිටිය ඉන්න බෑ. ඊට පස්සේ නිකම්ම කකුල් දෙක ගියා පාරිලෙය්‍යයක වනය දිහාට. අන්න බලන්න ලාභ සත්කාර පිරිහෙනකොට නිකම්ම ඇස් ඇරෙන හැටි. ඊට පස්සේ පිරිසම එක්ක බුදුරජාණන් වහන්සේ ළඟට ගිහින් සමාව ඉල්ලුවා. දැන් බලන්න මේ සුළු ප්‍රශ්නයක් අයෝනිසෝ මනසිකාරය නිසා කොයිතරම් දුර දිගට ගියාද?

මනුස්සයෙකුට භයානක විපත් තුනක්...

දවසක් කොසොල් රජතුමා බුදුරජාණන් වහන්සේගෙන් අහනවා, "ස්වාමීනි, භාග්‍යවතුන් වහන්ස, මනුස්සයෙකුගේ ජීවිතයේ අහිත පිණිස පවතින, දුක් පිණිස පවතින කරුණු කීයක් තියෙනවාද?" ඒ වෙලාවේ බුදුරජාණන් වහන්සේ කොසොල් මහරජතුමාට දේශනා කරනවා, "පින්වත් රජතුමනි, මනුස්සයකුගේ ජීවිතයේ අහිත පිණිස, පවතින දුක් පිණිස, පවතිනා කරුණු තුනක් තියෙනවා. ඒ තමයි තමා තුළ හටගන්නා වූ ලෝභය, තමා තුළ හටගන්නා වූ ද්වේෂය, තමා තුළ හටගන්නා වූ මෝහය" කියලා.

එහෙනම් යම්කිසි කෙනෙකුගේ ජීවිතය තුළ ලෝභය, ද්වේෂය, මෝහය පවතිනවා කියන්නේ, ඒ කෙනාගේ ජීවිතයට මහා අනතුරක්, දුකක්, පීඩාවක්, පවතිනවා කියන එකයි. යම්කිසි කෙනෙකුගේ ජීවිතයෙන් ලෝභ, ද්වේෂ, මෝහ දුරුවෙනවා කියන්නේ, ඒ කෙනාගේ ජීවිතයට මහා සතුටක්, සැපතක් උදාවෙනවා කියන එකයි. දැන් බලන්න එතකොට අපේ හිත්වල ඇතිවෙන ක්‍රෝධය විසින් අපිව සම්පූර්ණයෙන්ම ධර්ම මාර්ගයෙන් බැහැරට ගෙනියනවා. හිතේ ක්‍රෝධය ඇතිවුණාට පස්සේ, ඒ ගැන නැවත නැවත ක්‍රෝධ සිතින් හිතන්න හිතන්න තව තවත් ක්‍රෝධයම පෝෂණය වෙනවා. ඊට පස්සේ පළිගැනීමෙන් තමයි සතුටු වෙන්නේ.

මෙයයි ලොව සනාතන ධර්මය...

සමහරු මේ ක්‍රෝධය නිසා පලිගනිමින්, ක්‍රෝධ කර කර ආත්ම ගණන් සංසාරේ දිගින් දිගට යනවා. ඔබ අහලා ඇති ධම්ම පදයේ ගාථාවක සඳහන් වෙනවා, "මේ වගේ

ක්‍රෝධයෙන් ඉපදි ඉපදි පළිගනිමින් සංසාරේ ඇවිල්ලා ළමයින්ව මරාගෙන කාපු 'කාලි' කියලා යක්ෂණියකගේ කථාවක් ගැන." මේ සිදුවීම මුල්කරගෙන බුදුරජාණන් වහන්සේ ක්‍රෝධය ගැන ඉතාමත් ලස්සන ගාථා රත්නයක් දේශනා කළා.

න හී වේරේන වේරානි - සම්මන්තීධ කුදාචනං
අවේරේන ච සම්මන්ති - ඒස ධම්මෝ සනන්තනෝ

"වෛරයෙන් නම් කවදාවත් වෛරය සංසිඳෙන්නේ නැහැ. අවෛරයෙන්මයි වෛරය සංසිඳෙන්නේ. මේක ලෝකයේ තිබෙන සනාතන ධර්මයක්."

එහෙනම් ඔබේ සිත තුළ යම්කිසි දවසක තරහක්, අමනාපයක්, වෛරයක් ඇතිවුණා නම්, ඔබ තේරුම් ගන්න ඕන කවදාවත් වෛර කිරීමෙන් ඒ වෛරය සංසිඳෙන එකක් නොවෙයි. වෛර නොකිරීමෙන්මයි තමන්ගේ සිතේ ඇතිවෙච්ච තරහ ක්‍රෝධය සංසිඳවාගන්න තියෙන්නේ කියලා.

ක්‍රෝධයේ විපාක සිහිකළා නම් වැඩේ හරි...

හිතේ ඇතිවෙච්ච වෛරය නැති කරගන්න බොහෝම හොඳයි, අපාය භය සිහිකිරීම. හිතේ ක්‍රෝධයක් වෛරයක් ඇතිවුණාට පස්සේ කල්පනා කරන්න ඕනේ, "ක්‍රෝධ කිරීම මුල් කරගෙන මම කොයිතරම් නම් නිරයේ ඉපදිලා ඇද්ද? ක්‍රෝධ කිරීම මුල් කරගෙන මම කොයිතරම් නම් තිරිසන් ලෝකයේ තිරිසන් සතුන් අතර ඉපදිලා ඇද්ද? පෙරේත ලෝකයේ පෙරේතයෝ වෙලා කොයිතරම් නම් ඉන්න ඇද්ද?" කියලා. මේ විදිහට අපාය භය ගැන නුවණින් කල්පනා කරද්දී, ක්‍රෝධයේ ආදීනව දකින්න පුළුවන්කම ලැබෙනවා. "ක්‍රෝධ කිරීම නිසා බුද්ධ

ශාසනයයි, මනුස්ස ජීවිතයයි එකතුවෙච්ච මේ දුර්ලභ මොහොතේ ධර්මය අවබෝධ කරගැනීමේ අවස්ථාව මගෙන් දුරස්වෙලා යනවා නේද?" කියමින් නිතර සිහි කරන්න ඕනේ. අන්න එතකොට ක්‍රෝධයෙන් නිදහස් වෙන්න පුළුවන් හැකියාවක්, ක්‍රෝධයට එරෙහිව ශක්තියක් තමන්ගේ ජීවිතය තුළ ගොඩනැගෙනවා.

අදහස යහපත්. ඒත් ආජීවය අපිරිසිදුයි...

බුදුරජාණන් වහන්සේගේ කාලේ එක බාබර් කෙනෙක් පැවිදි වුණා. ඒ විතරක් නෙවෙයි, තමන්ගේ ගිහි කාලේ පුතාලා දෙන්නත් පැවිදි කරගත්තා. මේ අයට ආරංචි වුණා බුදුරජාණන් වහන්සේ ඒ පළාතේ චාරිකාවේ වඩින්න සූදානම් වෙනවා කියලා. දැන් මේ බාබර්ට විතරක් නෙමෙයි, දරුවෝ දෙන්නටත් කරණවෑම් වැඩේ හොඳට පුළුවන්. මෙයාලා කල්පනා කළා, "අපි දන්න රස්සාව කරලා සල්ලි ටිකක් හොයාගෙන බුදුරජාණන් වහන්සේට දානයක් පූජාකර ගනිමු" කියලා.

දැන් මේ හාමුදුරුවරු තුන්දෙනා බාබර් සාප්පුවක් දාගෙන මිනිස්සුන්ගේ කොණ්ඩේ කපලා, දානෙට අවශ්‍ය බඩු මුට්ටු, සල්ලි එකතු කරන්න පටන්ගත්තා. මිනිස්සුත් හරිම කැමැත්තෙන් ඉදිරිපත් වෙලා මේ පොඩි හාමුදුරුවරුන්ට කියලා කොණ්ඩේ කපාගෙන දානමාන සඳහා අවශ්‍ය බඩු මුට්ටු මේ අයට දුන්නා. මේ අය මේ බඩු මුට්ටුවලින් බුදුරජාණන් වහන්සේට කැඳක් හැදුවා. බුදුරජාණන් වහන්සේ භික්ෂූන් වහන්සේලාව පිරිවරාගෙන මේ විහාරයට වැඩිය වෙලාවේ, මේ කැඳ පිළිගැන්නුවා. බුදුරජාණන් වහ්නසේ මේක පිළිගත්තේ නැහැ. ඊට කලින් ඇහුවා, "පින්වත් සුභද්‍ර, මේ කැඳ හැදුවේ කොහොමද?"

"ස්වාමීනි, මෙන්න මෙහෙමයි අපි මේක හැදුවේ" කියලා කැඳ හදන්න බඩු එකතු කරපු හැටි කිව්වා. මේක අහලා බුදුරජාණන් වහන්සේ ඒ භික්ෂූන්ට ගර්හා කළා, "හිස් පුරුෂයෝ, මේ ආකාරයට කටයුතු කිරීම නොපැහැදුණු අයගේ පැහැදීම පිණිස හේතුවෙන්නේ නැහැ. මේක ශ්‍රමණයෙකුට අදාළ වැඩපිළිවෙලක් නෙමෙයි. ඔබලා ඔය කරලා තියෙන්නේ අශ්‍රමණ වැඩපිළිවෙලක්" කියලා ගර්හා කරලා ඒ කැඳ වැළඳීම ප්‍රතික්ෂේප කළා.

සුභද්‍රගේ අභද්‍ර වචනය...

මේ හාමුදුරුවරු මේක හිතේ තියාගෙන බුදුරජාණන් වහන්සේ ගැන ද්වේෂය ඇති කරගෙන, ක්‍රෝධයෙන් හිටියා. එතකොට පැහැදිලිව පේනවා ඒ භික්ෂූන් කීපදෙනා තුළ කිසිම චිත්ත දියුණුවක් තිබිලා නෑ. සුභද්‍ර කියන ඒ භික්ෂුව තමයි, එදා බුදුරජාණන් වහන්සේ පිරිනිවන්පා වදාළ වෙලාවේ, දහස් ගණන් පිරිස හඬා වැළපෙද්දී, ඒ පිරිස මැද්දේ ඉඳලා මහා ඉහළින් කියන්න ගත්තේ, "උඹලා අඬන්න එපා. අපි දැන් මහා ශ්‍රමණයාගෙන් මිදුණා. අපිට දැන් නිදහසේ වැඩ කරගෙන ඉන්න පුළුවන්. උඹලට මේ දේ කැපයි, මේ දේ අකැපයි කියලා නීති පණවන්න කෙනෙක් දැන් නැහැ. දැන් අපි නිදහස්" කියලා. මේ කතාව එතැන හිටපු මහාකාශ්‍යප මහරහතන් වහන්සේට ඇහුණා. අන්න එක මුල් කරගෙන තමයි, මහාකාශ්‍යප මහරහතන් වහන්සේ මූලිකත්වය අරගෙන, මහරහතන් වහන්සේලා රැස් කරලා ධර්ම සංගායනාවක් පවත්වන්න කටයුතු කළේ.

එතකොට අපට පේනවා, මේ හිත්වල හටගන්න ක්‍රෝධය හිතෙන් ඉවත් කරලා දාන්නේ නැතුව, ක්‍රෝධයටම ඉඩ දෙමින් පැසව පැසව ඉස්සරහට අරගෙන ගිහින්

කොයිතරම් අනතුරක් තමන්ගේ ජීවිතයට රැස් කරගන්නවද කියලා.

නිහතමානී වුණා නම් වැඩේ හරි...

ඊළඟට මේ හිතේ හටගන්න ක්‍රෝධය ඉවත් කරගන්න තවත් ක්‍රමයක් තියෙනවා. ඒ තමයි නිහතමානී වීම. මාන්නයෙන් තොරව, නිහතමානීව කටයුතු කරනවා නම්, එයා කවදාවත් අනුන් එක්ක ක්‍රෝධ කර කර වෛර කර කර කල් ගෙවන්නේ නැහැ. එයා ඉක්මනට ඒක අමතක කරලා දානවා, "මං මොකටද මේ කවුරුවත් ගැන වෛර බැඳගන්නේ?" කියලා. අපි හිතමු එහෙම නැතුව මාන්නයෙන් ඔළුව ඉදිමිච්ච කෙනෙක් මෙහෙම කල්පනා කරනවා, "මෙවුන් මං වගේ කෙනෙකුට මෙහෙමයි කතා කරන්නේ. මුන්ට වටිනවද එහෙම කතා කරන්න. මේකුන් මං කවුරු කියලා හිතාගෙනද මෙහෙම කතා කරන්නේ" කියමින් මාන්නයෙන් හිතනවා නම්, අන්න ඒ කෙනාට නූපන් වෛරය උපදිනවා. උපන් වෛරය තව තවත් වර්ධනය වෙනවා. ඒ නිසා නිහතමානීවීම තුළ බොහෝ දුරට වෛරය නැතිකරගන්න, තරහ දුරු කරගන්න පුළුවන්කම ලැබෙනවා.

වෛර සිතකින් මම මැරුණොත්...

ඊළඟට තරහ නැති කරගන්න තවත් ක්‍රමයක් තමයි, මරණසති භාවනාව වැඩීම. කෙනෙක් මේ විදිහට කල්පනා කරනවා නම් "මං මේ අනුන් එක්ක වෛර බැඳගෙන ඉඳලා, වෛර සිතින් මැරුණොත් ඕනෑම වෙලාවක අපායේ උපදින්න පුළුවන් නේද? ඒ නිසා අනුන් කෙරෙහි වෛර සිතක් පැවැත්වීම මට අලාභයක්මයි. ඒ නිසා මම මේ තරහ සිත නැති කරගන්නවා. අපට වඩා

බලසම්පන්න අය, ධනවත් අය, අපට වඩා කීර්තිමත් අය, මරණයට පත්වුණා. මමත් ඕනෑම වෙලාවක මරණයේ ගොදුරක් වෙන්න පුළුවන්. තරහ සිතක් පවත්වමින් මම මැරුණොත් ඒක මට අනතුරක්මයි. ඒනිසා මං මේ තරහ සිත නැති කරගෙන මෛත්‍රී සිතක් ඇති කරගන්නවා" කියලා මරණය ගැන සිහි කරලා ක්‍රෝධය දුරු කරගන්න පුළුවන්කම තියෙනවා.

අනිත්‍ය දැක්කොත් ගැලවෙන්න පුළුවන්...

ඊළඟට තරහව ක්‍රෝධය දුරු කරගන්න තවත් ක්‍රමයක් තමයි, අනිත්‍ය සිහිකිරීම. "අනේ! මේ සියලු දේවල්ම අනිත්‍යයි නේද? මේ හැමදෙයක්ම නැසී වැනසී යන දේවල් නේද? අනිත්‍ය දේවල් මුල් කරගෙන නේද මං මේ එකිනෙකා කෙරෙහි වෛරය ඇති කරගෙන ඉන්නේ. අනිත්‍ය ලෝකයේ මමත් අනිත්‍ය වූ සංස්කාර ගොඩක් විතරයි. බාහිර ලෝකයේ ජීවත් වෙන අනිත් අයත් මම වගේම අනිත්‍ය වූ සංස්කාර ගොඩක් විතරයි. ඒ නිසා මම අනිත් අය කෙරෙහි තියෙන ක්‍රෝධය තරහව දුරු කරගන්නවා" කියලා. මේ විදිහට අනිත්‍ය අනුව බලමින් තමන්ගේ හිතේ ඇතිවෙන ක්‍රෝධය තරහව දුරුකරගන්න පුළුවන්කම තියෙනවා.

ආර්යයන් වහන්සේලා ගර්හා කළ දෙයක්...

ඊළඟට මේ විදිහට හිතලා තරහ දුරු කරගන්න බැරි නම්, මෙහෙම හිතන්න ඕනේ. "බුදු, පසේබුදු, මහරහතන් වහන්සේලා මේ ලෝකයේට පහළ වුණා. ඒ ශ්‍රේෂ්ඨ උත්තමයන් වහන්සේලා තමන්ගේ හිතේ හටගන්න ක්‍රෝධය දිහා බලලා නින්දා කළා. ගර්හා කළා. 'ක්‍රෝධය' නමැති අකුසලය ප්‍රහාණය කළා. ඒ නිසා තරහව ක්‍රෝධය

දුරුකර ගැනීමමයි උතුම්. ක්‍රෝධය දුරුකිරීම ආර්යයන් වහන්සේලා අගය කළ යහපත් ගුණධර්මයක්. එබඳු ධර්මයක් අනුගමනය කරන මට තරහ සිතක් පැවැත්වීම ගැළපෙන දෙයක් නෙමෙයි. ඒ නිසා මං තරහව ක්‍රෝධය බැහැර කළ යුතුයි." මේ විදිහට හිතලවත් ක්‍රෝධය නැති කරගන්න මහන්සි ගන්න ඕනේ.

අඩු ගණනේ මෙහෙමවත් කරලා බලන්න...

එහෙමත් නැත්නම් අඩුගානේ කෙනෙක් මේ විදිහටවත් කල්පනා කරන්න ඕනේ. "මේ තරහාවට, ක්‍රෝධයට ඉඩදීම නිසා, මේ ලෝකයේ මිනිස්සු සියලු ගුණධර්මවලින් පිරිහිලා පහත් මිනිසුන්ගේ ගණයට වැටුණා. මේ ක්‍රෝධය මුල් කරගෙන බොහෝ දෙනා සැප සම්පත්වලින් පිරිහිලා ගියා. ක්‍රෝධයට ඉඩ දුන්නට පස්සේ, කිසිම කෙනෙකුට සැප නින්දක් ලබන්න බැහැ. ක්‍රෝධය මුල් කරගෙනම මේ මිනිස්සු අවලස්සන වෙලා යනවා.

යම්කිසි කීර්තියක් අත්පත් කරගෙන තිබුණා නම්, ක්‍රෝධයෙන් කටයුතු කිරීම නිසා මිනිසුන් තුළ ඔවුන් ගැන අපකීර්තියක් පැතිරී යනවා. බෝග සම්පත්වලින් පිරිහෙනවා. ක්‍රෝධ සිතින් වෛර බැඳගෙන මරණයට පත්වෙච්ච බොහෝ අය දුක් සහිත නිරයේ ඉපදුණා. ඒ නිසා මම නම් මේ ක්‍රෝධයට, තරහවට ඉඩ දෙන්නේ නෑ. මගේ ජීවිතය තුළ මම තරහාව, ක්‍රෝධය පවත්වන්නේ නෑ. සම්පූර්ණයෙන්ම බැහැර කරනවා."

සර්පයන්ට කෑම දෙමුද?...

මං ඔබට පොඩි උදාහරණයක් කියන්නම්. අපි හිතමු ඔන්න භයානක සර්ප පැටියෙක්ව කූඩුවක දාලා ඉන්නවා.

මේ භයානක සර්ප පැටියට හැම තිස්සෙම කන්න බොන්න දුන්නොත් මොකද වෙන්නේ? ඒ සර්ප පැටියා ටිකෙන් ටික බලවත් වෙලා තව තවත් භයානක විෂ ඝෝර සර්පයෙක් බවට පත්වෙනවා. කාටවත් පාලනය කරන්න බැරි විදිහට තව තවත් ශක්ති සම්පන්න වෙලා දරුණු වෙනවා. නමුත් මේ සර්ප පැටියාට කෑම නොදී හිටියොත් ටිකෙන් ටික දුර්වල වෙලා මේ සර්ප පැටියා එහෙම්මම මැරිලා යනවා.

අන්න ඒ වගේ තමයි, මේ හිතේ ඇතිවෙන ක්‍රෝධය පෝෂණය කරන්නේ නැතුව, ටිකෙන් ටික තමන්ගේ හිතෙන් ඉවත් කරලා දාන්නයි තියෙන්නේ. අන්න ඒක කරන්න පුළුවන්කම ලැබෙන්නේ, මේ ජීවිතේ ගැන, සංසාරය ගැන, ක්‍රෝධයේ ආදීනව ගැන මනා අවබෝධයක් ඇති කරගත්තු කෙනෙකුට පමණයි.

සොඳුරු මාවතේම ගමන් කරන්න...

ඊළඟ එක තමයි, ඔබ මේ ජීවිතය තුළ දියුණුවක් කරා යන්න කැමති නම් එකිනෙකා සමඟ රණ්ඩු සරුවල් ඇතිවුණාට පස්සේ, අමනාපකම් ඇතිවෙන දේවල් සිදුවුණාට පස්සේ ඒවා හිතේ තියාගෙන පැසව පැසව ඉන්නේ නැතුව, ඒ සැණින් අමතක කරලා දාන්න දක්ෂ වෙන්න ඕනේ. තරහ ඇතිවෙන දේවල් හිත්වල තියාගෙන දිගින් දිගටම ගෙනිච්චොත්, සතර අපායේ වැටි වැටී උපනූපන් ආත්මවල පවා තරහකාරයන්ගෙන් පළිගනිමින් දිගින් දිගටම මේ ක්‍රෝධය මුල් කරගෙන සංසාර ගමන සකස් වෙනවා. අපේ තරහකාරයෝ නැවත නැවතත් අපට සංසාරෙදී මුණගැහෙනවා. ඒකෙන් මිදෙන්න නම් කරන්න තියෙන්නේ, තරහකාරයන් යන්නේ නැති පාරක ගමන් කරන එකයි. ඒ පාර වෙන එකක් නොවෙයි. බුදුරජාණන්

වහන්සේ පෙන්වා වදාළ, මේ නිවන් මාර්ගයයි. මේ නිවන් මාර්ගයේ එහෙමත් නැත්නම් ආර්ය අෂ්ටාංගික මාර්ගයේ ගමන් කරන කෙනා තුළ මෛත්‍රිය, කරුණාව ආදී ගුණධර්ම දියුණු වෙනවා. නිහතමානීකම ගොඩනැගෙනවා. මේ ගුණධර්ම දියුණු වෙන්න දියුණු වෙන්න එයා කවදාවත් ක්‍රෝධයට යටවෙන්නේ නෑ. එයා ක්‍රෝධය ප්‍රහාණය කරලා සංසාරෙන් මිදෙන කෙනෙක් බවට පත්වෙනවා.

ප්‍රේමයේ වේගයෙන් එන ක්‍රෝධය...

සමහරවිට මේ ජීවිතේදී අපට මුණගැහෙන තරහාකාරයන් අපෙන් පළිගන්න හිතාගෙන දිවුරලා තියෙන්නේ මීට කල්පයකට කලින් වෙන්න පුළුවන්. සංසාරේ ආත්ම ගණන් ක්‍රෝධය හිතේ තියාගෙන, පළිගන්න පස්සෙන් එන අය ඉන්නවා. මෙහෙම තරහාකාරයෙක් මුණගැහිච්ච ගමන් ඉක්මනට දෙන්නා යාළුවෙනවා. යාළුවෙලා ගෙදරට ගිහින් නොකා නොබී අඬනවා, "මට එයා ඕනෑ. මට එයාව බන්දලා දෙන්න. එයා නැතිවුණොත් මම නියඟලා අල කනවා. ගඟේ පැනලා මැරෙනවා. ලෝකාන්තෙට පනිනවා. මට එයා ඕනෙමයි" කියනවා. අන්තිමට බේරෙන්නම බැරිතැන බන්දලා දෙනවා. සුමානයයි හොඳට ඉන්නේ. ඊට පස්සේ රාක්ෂයයි, රාක්ෂිණියි වගේ. මෙහෙම පවුල් නැද්ද? අවුරුදු පහ දහය යාළුවෙලා, ආදරේ කරලා විවාහවෙන අය ඉන්නවා. බැඳපු දවසේ ඉඳන් රණ්ඩු. ඊට පස්සේ මැරෙනකම්ම දුක් විඳ විඳ, ක්‍රෝධ කර කර, දෙන්නට දෙන්නා යැද යැද ජීවත් වෙනවා. අවුරුදු ගණන් කතා නොකර ඉන්නවා.

මෙන්න ධර්මයේ පිහිටි අය...

දැන් බලන්න මේ ක්‍රෝධයේ ආදීනව දැකලා ක්‍රෝධයෙන් නිදහස් වෙන්නේ නුවණ තියෙන කෙනෙක් විතරමයි. ඔබ අහලා ඇති සාමාවතිය ඇතුළු පන්සීයක් අන්තඃපුර බිසවුන්ව මාගන්දියා විසින් මාළිගාව පිටින්ම රෙදි පාන්කඩ ඔතලා පණපිටින් ගිනි තියලා මැරෙව්වා. ඒ වෙලාවේ සාමාවතිය ඒ බිසවුන්ට අනුශාසනා කළා, "මේ ගින්නට අපේ ඇඟවල් පිච්චුණාවේ. නමුත් අපේ හිත් පිච්චෙන්න ඉඩදෙන්න එපා. ඉක්මනට ධර්මයේ හිත පිහිටුවා ගන්න. කිසි කෙනෙක් තරහ සිතක් ඇති කරගන්න එපා" කියලා. ඒ සියලු දෙනාම මාර්ගඵල අවබෝධ කළා. අන්න බලන්න ධර්මයේ පිහිටන බුද්ධිමත් කෙනාගේ ලක්ෂණය. ඕනෑම භයානක අවස්ථාවක ධර්මයේ හිත පිහිටුවා ගන්න අවස්ථාව ලැබෙනවා.

උත්සාහය වීර්යය තියෙනවා නම් අපි කාටත් පුළුවන්...

මේ හිත හදාගන්නවා කියන එක අමාරු දෙයක්. ඒක මේ ලෝකයේ හිටපු බුද්ධිමත් මිනිසුන්, ප්‍රඥාවන්ත මිනිසුන්, මහා වීරියවන්තයින් විසින් විතරක් කරපු දෙයක්. නමුත් අපි හැමකෙනෙකුටම උත්සාහයක්, වීර්යයක් ගත්තොත් ඒ ආකාරයට මේ හිත හදාගන්න පුළුවන්කම තියෙනවා. ඒ දක්ෂතාවය ටිකෙන් ටික හරි ජීවිතය තුළ දියුණු කරගන්න ඕනේ.

ඊළඟ එක තමයි, අපි හිතමු ඔබට තරහකාරයෙක්ව නිතර නිතර මතක් වෙනවා කියලා. ඔබ ඒ වෙලාවට කරන්න ඕනේ "තරහකාරයා" කියන සිතුවිල්ල සිතට

එනකොටම "සුවපත් වේවා! සුවපත් වේවා!" කියලා මෙනෙහි කරන්න පටන්ගන්න එකයි. මේ විදිහට පුරුදු වුණාට පස්සේ, කාලයක් යනකොට තරහක් නැතුව එයාව සිහිපත් කරන්න පුළුවන්කම ලැබෙනවා. එහෙම නැතුව, මේ රටේ සමහර භාවනා මධ්‍යස්ථානවලින් උගන්වන විදිහට හිතට තරහක් ඇතිවුණාට පස්සේ "තරහක්... තරහක්..." කියලා මෙනෙහි කළොත් තියෙන තරහත් දෙගුණ තෙගුණ වෙලා යන්න වුණත් ඉඩ තියෙනවා. දැන් ඔබට තේරෙනවා ඇති, මේ හිත දමනය කරනවා කියන එක, මේ හිත පාලනය කරනවා කියන එක කොයිතරම් පරිස්සමින්, කොයිතරම් නුවණක් ඇතිව කල්පනාවෙන් කළ යුතු දෙයක්ද කියලා. ඒ තුළමයි මේ ජීවිතයේ අවබෝධයක් ඇති කරගන්න තියෙන්නේ. මේ ලෝකයට කලාතුරකින් පහළවෙන බුදුරජාණන් වහන්සේ නමක් විතරයි පෙන්නලා දෙන්නේ, "ලෝභය දුරුකරන්න, ඊර්ෂ්‍යාව දුරු කරන්න, ක්‍රෝධය දුරු කරන්න, වෛරය දුරු කරන්න, මාන්නය දුරු කරන්න, මේ කෙලෙස්වලින් හිත පිරිසිදු කරගන්න" කියලා.

සංසාර ගමනම සිහිකරන්න...

ඒ නිසා අපේ හිතේ ඇතිවෙන ක්‍රෝධය වෛරය ප්‍රහාණය කරන්න නම්, මේ ජීවිතේ විතරක් සීමා කරගෙන හිතන්න හොඳ නෑ. "ඔහේ ඕනෑ එකක් වෙච්චදෙන්. මැරිලා ගියහම වැඩේ ඉවරනේ" කියලා මේ ජීවිතේ ගැන විතරක් හිතන කෙනාට හිතේ හටගන්න අකුසල් ප්‍රහාණය කරන්න අමාරුයි. "තමන් සංසාර ගමනක යන කෙනෙක්"ය කියලා නැවත නැවත හිතන්න ඕනේ. "තමන් කර්මය දායාද කරගෙන, කර්මයට දාසවෙලා, කර්මයම ඥාතියා කරගෙන, කර්මානුරූපව සැප දුක් විඳිමින් සංසාරේ ගමන්

කරන කෙනෙක්"ය කියලා නැවත නැවත හිතන්න ඕනේ.

අපි හිතමු ඔන්න ඔබ කවුරුහරි කෙනෙක් සමඟ ක්‍රෝධයෙන් ජීවත් වෙලා මරණින් මත්තේ සතෙක්, සර්පයෙක් වෙලා ඉපදෙනවා. අපි හිතමු පත්තෑයෙක් වෙලා ඉපදුණා කියලා. සමහරවිට ඒ කෙනාම ඔබව තලලා දායි. සමහරවිට ඔබ ඒ තිරිසන් ආත්මයෙන් මරණයට පත්වෙලා, කර්මානුරූපව නිරයේ උපදින්න පුළුවන්. එතැනින් චුත වෙලා පෙරේත ලෝකයේ උපදින්න පුළුවන්. මේ විදිහට සතර අපායේ වැටි වැටී යන භයානක සංසාර ගමනක් තමයි ධර්මය අවබෝධ නොකළ සංසාරික සත්වයාට අත්වෙලා තියෙන්නේ.

මාර්ගඵල ලැබීමමයි එකම සැනසීම...

යම් දවසක අපට මේ ධර්ම මාර්ගය අනුගමනය කරලා, සක්කාය දිට්ඨි, විචිකිච්ඡා, සීලබ්බත පරාමාස කියන සංයෝජන ධර්මයන් ප්‍රහාණය කරලා සෝතාපන්න වෙන්න පුළුවන්කම ලැබුණොත්, අන්න එදාට අපට අනිවාර්යයෙන්ම සතර අපායෙන් නිදහස් වීමේ භාග්‍ය ලැබෙනවා. එතැන් පටන් කර්මයට අනුව නොව, ධර්මයට අනුව ජීවිතේ හසුරුවාගෙන, සංසාර දුකින් නිදහස්වෙන මාර්ගයේ ගමන් කෙනෙක් බවට පත්වෙන්න පුළුවන්කම ලැබෙනවා. අන්න එහෙම කෙනෙක් කවදාවත් ක්‍රෝධයට ඉඩ දෙන්නේ නෑ. හිතේ හටගන්න ක්‍රෝධය ඒ සැණින්ම දුරුකරලා දානවා.

ඒනිසා මේ භයානක අනතුරින් අත්මිදෙන්න තියෙන හොඳම දේ තමයි, සංසාර ගමනේ තියෙන භයානකකම තේරුම් අරගෙන රාග, ද්වේෂ, මෝහ ආදී කෙලෙස්වල අනතුර තේරුම් අරගෙන, "මේ ගෞතම

බුද්ධ ශාසනය තුළදීම උතුම් වූ චතුරාර්ය සත්‍ය ධර්මය අවබෝධ කරගෙන, සංසාර දුකින් නිදහස් වෙනවා" කියලා අධිෂ්ඨානයක් ඇති කරගන්න එක. ඒ නිසා මේ ධර්ම මාර්ග යට අනුව ජීවිතය ධර්මානුකූලව හසුරවමින් අප සියලු දෙනාටම සසර දුකින් නිදහස් වීමේ වාසනාව උදාවේවා!

සාදු! සාදු!! සාදු!!!

✿ ✿ ✿

මහාමේඝ ප්‍රකාශන

www.ingramcontent.com/pod-product-compliance
Lightning Source LLC
Chambersburg PA
CBHW060659030426
42337CB00017B/2693